sommaire

W0413983

Parlez-vous français?

1

restaurant boutique poste arcades
sandwichs paradis snacks glaces
hôtel boissons salades

A Welche dieser Wörter versteht ihr?

B Fallen euch noch andere französische Wörter ein?
Arbeitet zu zweit oder in kleinen Gruppen.

C

Lest euch die folgenden Wörter durch.
Versteht ihr sie alle?

intelligent autobus salon cravate arrogant
thé photo adresse sport film café élégant
cinéma touriste tomate hôtel intéressant
discothèque citron moment girafe anorak olive
appartement camembert tennis texte détective

Nun hört zu und kreuzt die Wörter an, die ihr gehört habt.
Was fällt euch bei der Aussprache auf?

D

Hört euch die Sätze an und notiert die Wörter, die ihr versteht.
Hört euch die Sätze so oft an, bis ihr alle bekannten Wörter gefunden habt.
(12 Wörter)

Was fällt euch bei der Aussprache auf?

Christine LUNER
Eleonore TRUXA-PIRIERROS
Elisabeth WLADIKA

unter Mitarbeit von Sylvie SALLÉ

LEHRBUCH

BIEN FAIT! 1

FRANZÖSISCH

Mit Bescheid des Bundesministeriums für Unterricht, Kunst und Kultur vom 23. Oktober 2008, GZ 5.054/0008-V/9/2007, als für den Unterrichtsgebrauch an allgemein bildenden höheren Schulen (Unterstufe) für die 3. und 4. Klasse, an allgemein bildenden höheren Schulen (Oberstufe) für die 5. Klasse, an Handelsakademien für den I. Jahrgang sowie an Höheren Technischen Lehranstalten für Tourismus im Unterrichtsgegenstand Französisch (2. lebende Fremdsprache) geeignet erklärt.

Dieses Schulbuch wurde auf der Grundlage von zielorientierten Lehrplänen verfasst. Konkretisierung, Gewichtung und Umsetzung der Inhalte erfolgen durch die Lehrerinnen und Lehrer.

Schulbuchnummer: 140287

Die Autorinnen und der Verlag bitten, alle Anregungen und Vorschläge, die dieses Lehrbuch betreffen, an folgende Adresse zu senden:
Verlag Hölder-Pichler-Tempsky GmbH
1090 Wien, Frankgasse 4
E-Mail: service@hpt.at

1. Auflage, Nachdruck 2014 (1,05)

Illustrationen: Hannes Eisenberger, Robert Sladek
Grafische Ausarbeitung: truxa.grafik.design
Druck und Bindung: Brüder Glöckler GmbH, Wöllersdorf

ISBN 978-3-230-03160-0

ZUSATZMATERIAL

Liebe Schülerin, lieber Schüler!

Zu **Bien fait! 1** gibt es für dich alle **Hörübungen als MP3s** zum **gratis Download** auf deinen Computer oder dein Smartphone.
Du findest die MP3s sowie das **zweisprachige Lektionsvokabular** auf **www.hpt.at/sb140287** oder über den **QR-Code** rechts.

Außerdem gibt es zu jedem Band von Bien fait! Lehrbuch das ergänzende **Arbeitsbuch** mit vielfältigem Übungsmaterial sowie **Bien fait! Interactif, CD-ROM** zum spielerischen Üben, Vertiefen und Wiederholen der Inhalte von Band 1 auf PC oder MAC.

Bitte gib den ausgefüllten und unterschriebenen Bestellabschnitt in deiner Buchhandlung ab oder bestell direkt beim Verlag:

Adresse: Verlag Hölder-Pichler-Tempsky, Frankgasse 4, A-1090 Wien
Tel.: 01/403 77 77
E-Mail: service@hpt.at

Fax: 01/403 77 77 DW 78

Hiermit bestelle ich mit Rechnung:

Arbeitsbuch

_____ Expl. Bien fait! 1, Arbeitsbuch (SB-Nr. 140463)*
_____ Expl. Bien fait! 1 Unterstufe, Arbeitsbuch + CD (SB-Nr. 155028)**
_____ Expl. Bien fait! 2, Arbeitsbuch (SB-Nr. 145278)*
_____ Expl. Bien fait! 3, Arbeitsbuch (SB-Nr. 150009)*

*) € 8,80

**) € 9,90

CD-ROM zum Üben (für PC und MAC)

_____ Expl. Bien fait! 1 Interactif, CD-ROM (CD-Nr. 145577)*

*) € 24,90

Für alle Angebote gilt: Preisänderungen vorbehalten;
bei Direktbestellung innerhalb Österreichs versandkostenfrei

Bitte gib Namen und Adresse an:

Name:

____

____

Adresse:

____

____

____

Datum und Unterschrift:

____
(bei Minderjährigen des Erziehungsberechtigten)

2

Prénoms

A Welche französischen Vornamen kennt ihr?
Wie könnte euer Vorname auf Französisch lauten?
Gibt es in der Gruppe Namen, die man nicht auf Französisch übersetzen kann?
Besprecht eure Ideen mit eurer Lehrkraft.

B Chanson rythmique

Jérôme, Jacques et Valérie, Patrick, Florence et Nathalie,
Nicole, Véronique et Sophie et Alain c'est qui?

Welche dieser Namen kann man nicht auf Deutsch übersetzen?
Wie heißen die anderen Namen auf Deutsch?

3

L'alphabet

A B C D E F G H I J K L M N O P Q R S T U V W X Y Z

A Hört euch das französische Alphabet an.
Unterstreicht die Buchstaben, die anders ausgesprochen werden als im Deutschen.

B Einige Personen buchstabieren ihren Namen.
Wie heißen sie?

C Versucht nun, euren Namen zu buchstabieren.

4 Tu t'appelles comment?

Tu t'appelles comment?
Christian. Et toi?
Je m'appelle Nicole.

Polly, tu t'appelles comment?
Coco!
Non, tu t'appelles Polly!
Alors, tu t'appelles comment?
Coco!
Non, ton nom est Polly! Polly!
Polly! Polly!
Bien! Tu t'appelles comment?
Coco!

Tu t'appelles comment?
Je m'appelle Sarah.
Ah, moi aussi, je m'appelle Sarah!

Tu t'appelles comment?
Wie bitte?
Ton nom! Tu t'appelles comment?
Pardon?
Moi, je m'appelle Nicolas, et toi?
Ah! Ich heiße Lucas.
Tu es allemand?
Non, autrichien.

Et toi, tu t'appelles comment?

A **Kennt ihr schon alle in der Gruppe?**
Wenn nicht, fragt sie auf Französisch nach ihrem Namen!

B **Il s'appelle Julien. Elle s'appelle Sarah.**
Setzt *il* oder *elle* ein!

.... s'appelle Catherine.
.... s'appelle Lucas.
.... s'appelle Sandra.
.... s'appelle Sylvie.
.... s'appelle Christian.
.... s'appelle Nicolas.

C **Elle / il s'appelle comment?**

Colette Pierre Jean Yvonne Jules Isabelle

Et ton professeur de français s'appelle comment?

8 **D** Il s'appelle ....

Wie fragt man nach, wenn man etwas nicht verstanden hat?

5

De un à dix

9 **A** Hört zu und zählt mit.

10 **B** Schreibt die Zahlen, die ihr hört, in das Kästchen.

Textes oraux

1D Tu me donnes ton adresse? Je cherche un hôtel pas cher. Un moment, je prends une photo! Vous avez encore du camembert? Tu mets ton nouvel anorak? En ce moment, il y a beaucoup de touristes à Vienne. Il est arrogant. Tu sais jouer au tennis? Je ne fais pas beaucoup de sport. Tu aimes les tomates? Ah, ça, c'est intéressant!

3B Claire, Yannick, Audrey, Sandrine, Julien, Christelle, Olivier, Florence, Juliette, Thierry, Damien, Georges

4D
Quel est votre nom, Monsieur?
Eiffel.
Pardon?
Eiffel.
Comme la Tour Eiffel?
Oui, je suis Gustave Eiffel, le constructeur de la Tour Eiffel.
Ah bon.

5A un - deux - trois - quatre - cinq - six - sept - huit - neuf - dix

Comment dit-on?

je m'appelle	je	comment?
tu t'appelles	tu	pardon?
il s'appelle	il	et toi?
elle s'appelle	elle	moi aussi

Ça fonctionne comment?

g kann wie [g] oder wie [ʒ] (stimmhaftes sch) ausgesprochen werden, je nachdem welcher Buchstabe folgt.

g → **a, o, u** → [g] → arrogant, égoïste

g → **e, i , y** → [ʒ] → Georges, girafe, gymnastique

g → vor **a, o, u** → ist immer [g]

g → vor **e, i, y** → ist immer [ʒ]

A petits pas	Klar!	Noch unsicher
Ich kann einige Wörter, die ich schon kannte, richtig aussprechen und schreiben.		
Ich kann jemanden nach dem Namen fragen.		
Ich kann sagen, wie ich heiße.		
Ich kann meinen Namen buchstabieren.		
Ich kann nachfragen, wenn ich etwas nicht verstanden habe.		
Ich kann bis 10 zählen.		

Bonjour! Salut! Ça va?

1

Bonjour, Monsieur!

A

Ecoutez les dialogues deux ou trois fois *(Hört euch die Dialoge zwei- oder dreimal an.)*
Welcher Dialog passt zu welchem Foto?

Hört euch die Dialoge noch einmal an und notiert die Wörter, die ihr versteht.
Hört euch die Dialoge ein weiteres Mal an und beantwortet die Fragen:

- Was kauft Monsieur Rochat?
- Geht es Nicole wirklich gut?
- Wieviel kosten die Tomaten?

B

Ecoutez et regardez. *(Hört zu und lest mit.)*

Notiert die verschiedenen Begrüßungen.

....

....

....

Welche Antwort könnte man darauf erwarten?

....

....

....

Wie fragt die Mutter, wie es geht?

....

....

....

Wie verabschiedet sie sich?

....

....

....

C **Lest euch die Texte der Dialoge auf Seite 15 durch und markiert alle Begrüßungen.**
Wie fragen die verschiedenen Personen nach dem Befinden?
Wie antworten diese?

D Travail à deux

- M. Bertrand und seine Nachbarin, Madame Sarraut, begrüßen einander im Stiegenhaus.
- Sophie und ihre Freundin Caroline begrüßen einander auf dem Schulweg.
- Mme Tolan trifft Marc, den 10-jährigen Sohn des Bäckers, auf der Straße. Sie begrüßen einander.

Jouez ces dialogues en classe. *(Spielt den anderen diese Dialoge vor.)*

13 **E** **Ecoutez et comptez!** *(Hört gut zu und zählt mit!)*
Welche Form der Begrüßung / Verabschiedung kommt am häufigsten vor?

14 **F** Chanson rythmique

Salut Patrick, comment ça va? Bonjour Madame, comme ci comme ça.
Salut Simone, et toi, ça va? Merci Madame, très bien, ça va.
Comment ça va, Monsieur Vidal? Merci Madame, ça va pas mal.

---

2 Au café

15 **A** **Ecoutez deux ou trois fois.**
Unterstreicht, was die Personen bestellen.

un café
un orangina
un jus d'orange
un thé nature
un coca
une eau minérale
un thé citron
un citron pressé
un café au lait
un diabolo menthe

Wie sagt man auf Französisch bitte und danke?

B Travail à deux

Bestellt beieinander verschiedene Getränke.

C Hört euch die Dialoge noch einmal an und achtet dabei genau auf die Aussprache des Buchstaben *c*.

Wann spricht man [k]? Wann spricht man [s]?
Ordnet die Wörter des Dialogs in zwei Spalten.

[k]	[s]
	Marcel

Hier sind einige Vornamen, die euch dabei helfen können:

Caroline Cécile Pascal Marcel Nicole Patricia Nicolas Lucie

Wie *c* ausgesprochen wird, hängt davon ab, welcher Buchstabe .... kommt.
Wir sprechen [k] vor: ....
Wir sprechen [s] vor: ....

16 D Ecoutez et lisez. *(Hört zu und lest mit.)*

Salut Cécile!
Un café comment?
Un thé citron, s'il vous plaît.
Un coca.
Il est coiffeur?
Du camembert?
Caroline, c'est toi?
Je m'appelle Coco.
Alice est au cinéma?
Non, au centre culturel.

Lest nun selber die Sätze laut vor.

E Travail en petits groupes *(Arbeit in kleinen Gruppen)*

Ordnet diese geografischen Namen in zwei Gruppen:

Monaco, Nice, Cannes, Côte d'Azur, Provence, Camargue, Carcassonne, la Corse, Cognac, Clermont-Ferrand, Nancy, Alsace, Colmar, Calais

[k]	[s]

Wählt nun 4 Ortsbezeichnungen aus und findet heraus, wo sich diese Orte befinden.

3 Paroles magiques

Bildet so viele Wortgruppen wie möglich. Es darf auch Wiederholungen geben.

thé s'il vous plaît coca café

un une baguette citron

jus d'orange pour moi tu prends

eau minérale expresso

Textes oraux

1A Bonjour Monsieur!

a. - Bonjour, Monsieur Rochat. Vous allez bien?
- Ça va bien.
Une baguette, s'il vous plaît.

b. - Salut Roland!
- Ah salut Nicole, ça va?
- Oh, ça va.
- Moi, je vais très bien!
- Voilà mon bus, salut!
- Ciao.

c. - 1 € le kilo de tomates! Bonjour Madame.
- 2 kilos de tomates, s'il vous plaît.
- Ça fait 2 €. Merci Madame, au revoir!
- Au revoir.

2A Au café

Pascal: Un coca, s'il vous plaît.
Serveuse: Et pour vous Mademoiselle?
Cécile: Un café.
Serveuse: Un café comment?
Cécile: Un expresso.

Garçon: Qu'est-ce que vous prenez?
Nicolas: Un jus d'orange
Caroline: Et pour moi, un thé s'il vous plaît.
Garçon: Au citron?
Caroline: Oui, un thé citron. Et toi, Marcel, tu prends encore un café?
Marcel: Non, merci

Comment dit-on?

salut bonjour au revoir ça va très bien pas mal merci	Salut Monique! Bonjour Monsieur. Au revoir Madame. Ça va? Ça va. Ça va (très) bien. Moi, je vais bien. Voilà!	un café un thé un jus d'orange un coca un orangina une baguette une eau minérale Un thé citron, s'il vous plaît.

Ça fonctionne comment?

c kann wie **[k]** oder wie **[s]** ausgesprochen werden, je nachdem welcher Buchstabe folgt.

c → **a, o, u** → **[k]** → café, coca
c → **e, i, y** → **[s]** → Marcel, citron

c → vor **a, o, u** → ist immer **[k]**
c → vor **e, i, y** → ist immer **[s]**

Die *cédille* **(ç)** macht es möglich, dass **c** vor a, o, u auch **[s]** gesprochen wird.
(Ça va, français, François)

L'article indéfini (singulier) – *(unbestimmter Artikel)*

masculin — **un** — J'ai **un** frère. C'est **un** bonbon.
féminin — **une** — Moi, j'ai **une** sœur. C'est **une** lampe.

A petits pas	Klar!	Noch unsicher
Ich kann auf verschiedene Arten grüßen.		
Ich kann jemandem nach dem Befinden fragen und sagen, wie es mir geht.		
Ich kann mir etwas zu trinken bestellen.		
Ich kann um etwas bitten und mich bedanken.		
Ich kann Wörter mit c richtig aussprechen.		

Qu'est-ce que c'est?

1

Qu'est-ce que c'est? *(Was ist das?)*

A

un classeur

un portable

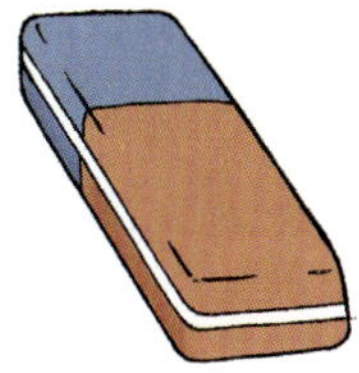

une gomme

un crayon

un agenda

un ipod

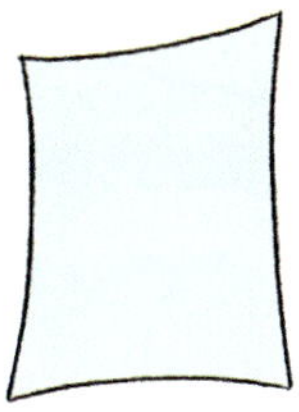

une feuille

un porte-monnaie

une clé USB

une trousse

des cahiers

un stylo

des livres

des clés

B Le sac de René

Qu'est-ce que René a dans son sac? *(Was hat René in seinem Rucksack?)*
Versucht, die Wörter in drei Spalten zu ordnen.

un	une	des

- Was ist der Unterschied zwischen ***un*** und ***une***?
- Wann verwendet man ***des***?
- Wie ist das im Deutschen?

C Et toi, qu'est-ce que tu as dans ton sac? *(Was hast du in deinem Rucksack?)*

Dans mon sac, j'ai ...

D Le verbe **avoir**

Complétez le mur. *(Baut die Mauer fertig.)*

Luc		trois	cahiers.	Moi, j'		un	ipod	et un
portable.	Qu'est-	ce que	tu		dans	ton	sac?	Tu
	un	stylo	pour	moi?	Non,	mais	Luc	
un	stylo.	J'		deux	trousses.	Isabelle		un
portable?	Tu		une	feuille	pour	moi?	Marc	
un	problème.	J'		un	agenda	dans	mon	sac.

ai	as	a	as	a	ai	a	a	as	ai

---

2 A Les nombres de 0 à 20

CD 17

0 **zéro**	7 **sept**	14 **quatorze**
1 **un**	8 **huit**	15 **quinze**
2 **deux**	9 **neuf**	16 **seize**
3 **trois**	10 **dix**	17 **dix-sept**
4 **quatre**	11 **onze**	18 **dix-huit**
5 **cinq**	12 **douze**	19 **dix-neuf**
6 **six**	13 **treize**	20 **vingt**

Ecoutez les nombres deux ou trois fois et lisez.
(Hört euch die Zahlen zwei- oder dreimal an und lest mit.)

18 **B** **Ecoutez et répétez.** *(Hört zu und wiederholt.)*

C Digicode

In Frankreich lassen sich viele Haustore nur mit einer Codenummer öffnen.
Lisez les numéros de code.

Pelletier: 0308	Bajera: 20A12	Berchotteau: 12A0
Manon: 15A7	Prost: 1809	Jourdan: 14A5
Barot: 08B5	Coulet: 0717	Daniel: 19B8
Gibert: 1302	Perrot: 0416	Calvin: 1203
Bartoli: 07A9	Abadi: 15A2	Lelong: 0754

19 **D** **Combien?** *(Wieviele?)*

Ecoutez bien et notez les nombres. *(Hört gut zu und notiert die Zahlen.)*

5 **portables**	**classeurs**	**clés**	**cahiers**	**livres**
trousses	**stylos**	**gommes**	**feuilles**	**crayons**

3 20 **A** La classe

Ecoutez et notez le bon numéro. *(Hört zu und notiert die richtige Zahl.)*
Ein paar Wörter sind neu, versucht herauszufinden, was sie bedeuten könnten.

B Tu me prêtes ...? *(Borgst du mir ...?)*

Ecoutez et lisez. *(Hört zu und lest mit.)*

Carole: Maurice, tu as un stylo pour moi, s'il te plaît?
Maurice: Non, désolé.
Carole: Tu me prêtes un stylo, Pauline, s'il te plaît?
Pauline: Voilà
Carole: Merci beaucoup.

Lest die beiden Dialoge einige Male und borgt euch dann von eurem Nachbarn drei verschiedene Dinge aus.

C Pour qui? *(Für wen?)*

Exemple: un livre pour Frédéric

D Ecoutez et ajoutez ce qui manque. *(Hört zu und ergänzt, was fehlt.)*

7	**feuilles**	**5**	....	...	**cahiers**
14	....	**3**	....	**8**	....
15	....	...	**trousses**	...	**gommes**
...	**bureaux**	**20**	....	**17**	....
12	....	**13**	....	**6**	....

Vergleicht nun mit Seite 23. Schaut euch die Endungen der Nomen an. Wie wird die Mehrzahl gebildet?

E Hört euch die Sätze mehrmals an und notiert anschließend die Gegenstände, von denen gesprochen wird.

une feuille	**un**	**des**
un	**un**	**une**
un	**une**	**une**

F Paroles magiques

Bildet so viele Sätze wie möglich.

tu dans me prêtes une gomme
ton sac as une feuille voilà
un stylo ta trousse un livre pour moi
pour toi un cahier un crayon

Textes oraux

2D Combien?

cinq portables; trois classeurs; dix-neuf stylos; quinze cahiers; huit clés; neuf crayons; quatre trousses; seize feuilles; onze livres; vingt gommes

3A La Classe

exemple: Qu'est-ce que c'est? une porte – numéro un
numéro 1 – une porte; numéro 2 – un sac; numéro 3 – des livres; numéro 4 – un tableau; numéro 5 – un stylo; numéro 6 – une fenêtre; numéro 7 – un classeur; numéro 8 – une gomme; numéro 9 – des feuilles; numéro 10 – un bureau; numéro 11 – une chaise; numéro 12 – des cahiers; numéro 13 – une trousse; numéro 14 – un portable

3D

sept feuilles; cinq portes; dix-neuf cahiers; quatorze stylos; trois tableaux; huit chaises; quinze livres; seize trousses; onze gommes; quatre bureaux; vingt classeurs; dix-sept clés; douze fenêtres; treize sacs; six agendas

3E

Tu as une feuille pour moi? Non, je regrette.; Où est mon livre? Le voilà.; Voilà des cahiers. Merci beaucoup.; Zut alors, j'ai oublié mon classeur!; Tu as un portable? Oui, bien sûr!; Tu ouvres la fenêtre, s'il te plaît?; Où est mon porte-monnaie?;Tu me prêtes une gomme?;Voilà ma trousse.

Comment dit-on?

un cahier	une chaise	zéro	
un livre	une porte	un	onze
un stylo	une fenêtre	deux	douze
un classeur	un bureau	trois	treize
un portable	un tableau	quatre	quatorze
un porte-monnaie	une clé	cinq	quinze
un ipod	dans	six	seize
un agenda		sept	dix-sept
un crayon	Tu me prêtes ...?	huit	dix-huit
un sac	Non, désolé/e.	neuf	dix-neuf
une clé USB	s'il te plaît	dix	vingt
une gomme	Merci beaucoup.		
une feuille	Qu'est-ce que c'est?		
une trousse	avoir		
	Tu as un stylo pour moi?		

Ça fonctionne comment?

Le verbe avoir

j' ai	J'**ai** une trousse.
tu as	Tu **as** un stylo pour moi?
il a	Qu'est-ce qu'il **a** dans son sac?
elle a	Elle **a** un portable.

Le pluriel du nom *(die Mehrzahl des Nomens)*

singulier	**masculin**	**féminin**
	un livre	une porte
	un tableau	une trousse
pluriel	**masculin**	**féminin**
	des livre**s**	des porte**s**
	des tableau**x**	des trousse**s**

In der Mehrzahl wird an das Nomen ein ***-s*** angehängt.
Bei Nomen, die auf *-eau* enden, wird ein ***-x*** angehängt.

L'article indéfini (pluriel)

pluriel	**masculin**	**féminin**
	des	**des**
	des livres *(Bücher)*	des tables *(Tische)*

Im Deutschen gibt es keine Mehrzahl für den unbestimmten Artikel!

A petits pas	Klar!	Noch unsicher
Ich kann einige Gegenstände des täglichen Gebrauchs nennen.		
Ich kann jemanden fragen, ob er mir etwas borgt.		
Ich kann bis zwanzig zählen.		
Ich kann Einzahl und Mehrzahl unterscheiden.		
Ich kann sagen, für wen etwas ist.		

Qui - Où?

1

24

C'est qui?

Alex, tu es allemand?
Non, je suis autrichien.
Tu habites à Vienne?
Non, j'habite à Tulln.

La fille là-bas, c'est qui?
C'est Christine.
Elle est autrichienne?
Non, elle est allemande.
Elle habite où?
Elle habite à Munich.

Wie sagt man **wo?**

Wie sagt man **wer?**

Ecoutez deux ou trois fois et finissez les phrases.
(Hört euch die Aufnahme zwei- oder dreimal an und ergänzt.)

Alex est ....
Il habite à ....

Christine est ....
Elle habite à ....

2

Tu es français?

25 **A** Au camp international de volley-ball
Situation1 – Ecoutez et lisez.

Catherine: Salut! Je m'appelle Catherine.
Christian: Moi, je suis Christian. Tu es française?
Catherine: Non, je suis belge. J'habite à Bruxelles.
Christian: Moi, je suis français.
Catherine: Et tu habites où?
Christian: A Orléans.

Henry: Hello, je m'appelle Henry.
Catherine: Salut Henry. Tu es américain?
Henry: Non, je suis anglais.
Catherine: Tu habites à Londres?
Henry: Pardon? ... Je ne comprends pas.
Catherine: Tu habites à Londres?
Henry: Non, j'habite à Dover.
Christian: Ça, c'est drôle, mon frère habite à Calais.

Wie fragt man nach, wenn man nicht verstanden hat?

Situation 2 – Ecoutez.

Wonach fragt Laurent?

Ecoutez les deux situations plusieurs fois et soulignez les nationalités mentionnées. *(Hört euch beide Situationen einige Male an und unterstreicht im folgenden Kästchen die Nationalitäten, die erwähnt werden.)*

américain	espagnol	italien	belge	allemande	autrichien
croate	allemand	chinoise	suisse	autrichienne	
français	italienne	anglaise	française	hongrois	anglais
chinois	hongroise	américaine	espagnole		

Was fällt euch auf?

B Répondez aux questions. *(Beantwortet die Fragen.)*

Catherine est française? Non, elle est belge.
Henry est américain? ....
Lisa est allemande? ....
Et toi, tu es français / française? ....

Welcher Unterschied besteht zwischen *français* und *française?*
Versucht im Kästchen auf der vorigen Seite noch weitere Beispiele für *masculin* und *féminin* zu finden.

C Ta voiture est allemande …

Ton 

est italien.

Ton 

est français.

Ton  est finnois.

Ton  est américain.

Ta [BMW] est allemande.

Tes  sont chinoises.

Tes  sont espagnoles.

Ta  est suisse!

Reliez et formez des phrases. *(Verbindet und bildet Sätze.)*

	Ta voiture	→	est allemande
	..... café		..... espagnoles
Ton	..... bottes		..... italien
Ta	..... montre	est	..... finnois
Tes	..... ordinateur	sont	..... américain
	..... baskets		..... suisse
	..... portable		..... français
	..... parfum		..... chinoises

D C'est qui?

- ☐ C'est mon frère.
- ☐ C'est ma mère.
- ☐ C'est mon copain.
- ☐ C'est ma sœur.
- ☐ C'est mon père.
- ☐ Ce sont mes parents.

Ecoutez et numérotez. *(Hört zu und nummeriert die Kästchen.)*
Welches ist kein Familienmitglied?

---

3 Carte d'identité

A **Ecoutez les dialogues p. 25 et 26 encore une ou deux fois et répondez aux questions.**

- Christian habite à Paris?
- Henry habite à Londres?
- Catherine habite à Calais?
- Et toi, tu habites à Bruxelles?

Welche Präposition steht vor den Ortsnamen? …

B C'est qui?

Michel F (Paris)	Louis B (Bruxelles)	Michael A (Vienne)	Coco A (Graz)
Antonella I (Rome)	Pedro E (Madrid)	Ilona H (Budapest)	Jack USA (Boston)
Sophie F (Lyon)	Jürgen D (Bonn)	Mary GB (Londres)	Birgit D (Kiel)

Il s'appelle Michel.
Il est français. Il habite à Paris.

Continuez.

C Ils **ont** quel âge?

Elle a quel âge, Esther? Elle a 12 ans.
Continuez.

René / 17 ans
Antoine / 14 ans
Amira / 19 ans
Nathalie / 12 ans
Catherine / 15 ans

Marianne / 20 ans
Michel / 16 ans
Amélie / 13 ans
Isabelle / 11 ans
Mohamed / 18 ans

D Et toi?

Je m'appelle ....
Je suis ....
J'habite ....
J'ai .... ans.

Ton professeur de français s'appelle comment?
Elle / il est autrichien/ne?
Elle / il habite où?
Elle / il ....

E Camps-vacances

Remplis le formulaire. *(Fülle das Formular aus.)*

Nom
Prénom
☐ fille ☐ garçon
Date de naissance
Adresse
Téléphone
e-mail
allergies ☐ oui ☐ non

F Paroles magiques

Bildet so viele Sätze wie möglich.

Tu	à Paris	quel âge	français	es	13
habites	à Rome	à Bruxelles	as	belge	
14	ans	15	à Lyon	autrichien	

G Pour toute la classe

Zieht einen der Zettel, der euch von eurem Lehrer angeboten wird. Darauf steht ein Name und eine Nationalität. Sucht euch nun im Atlas eine größere Stadt als dazupassenden Wohnort aus. *(Munich, Vienne, Zagreb, Sopron etc.)*
Geht dann in der Klasse herum und stellt den anderen Fragen nach dem Namen, der Nationalität und dem Wohnort. Macht euch Notizen und berichtet anschließend über 3 oder 4 Mitschüler. Sagt, wer sie sind, woher sie kommen und wo sie wohnen.

Texte oral
2A Situation 2
Laurent: Cette fille, elle s'appelle comment? Séverine: C'est ma cousine Lisa.
Laurent: Mais elle est allemande!
Séverine: Non, elle est autrichienne et c'est ma cousine.
Laurent: Elle n'est pas mal! Elle a quel âge? Séverine: Elle a 19 ans.

Comment dit-on?

habiter	Tu habites où?	Je suis autrichien/ne.
	J'habite à Paris.	Elle est italien/ne.
être	Tu es allemand?	américain/e
avoir	Tu as quel âge? J'ai 14 ans.	allemand/e
	Je ne comprends pas.	chinois/e
mais	Pardon?	français/e
		anglais/e
mon père	C'est qui?	hongrois/e
ma mère	C'est mon père.	espagnol/e
mes parents	Ce sont mes parents.	suisse belge croate
mon frère / ma sœur		
mon cousin / ma cousine		
mon copain / ma copine	C'est ma copine.	une fille / un garçon

Ça fonctionne comment?

Verbes réguliers en ***-er***

habiter		Fast alle Verben auf *-er* werden so abgewandelt.
j'habite	nous habitons	
tu habites	vous habitez*	* *vous* kann ihr oder Sie
il habite / elle habite	ils habitent / elles habitent	(höfliche Anrede) bedeuten

être		**avoir**	
je suis	nous sommes	**j'ai**	nous avons
tu es	vous êtes	**tu as**	vous avez
il est / elle est	ils sont / elles sont	**il a / elle a**	ils ont / elles ont

L'adjectif possessif *(besitzanzeigendes Fürwort)*

singulier		**pluriel**
masculin	**féminin**	(m. + f.)
mon frère	ma sœur	mes frères et sœurs
ton père	ta mère	tes parents
son cousin	sa cousine	ses copains

Das Geschlecht des Besitzers spielt im Französischen keine Rolle.
le père de Monique – **son** père (**ihr** Vater) / le père de Christian – **son** père (**sein** Vater)

Vor einem Vokal oder h steht *mon, ton, son,* auch wenn das folgende Nomen weiblich ist!
ton adresse f. / **mon** amie / **son** école

A petits pas	**Klar!**	**Noch unsicher**
Ich kann mich und andere vorstellen. (Alter, Wohnort, ...)		
Ich kann jemanden nach seinem Namen, seinem Alter, seiner Nationalität und seinem Wohnort fragen.		
Ich kann jemanden fragen, wo er wohnt.		
Ich kann einfache Fragen über die Familie stellen und beantworten.		
Ich kann sagen, wenn ich etwas nicht verstehe.		

Qu'est-ce que tu aimes?

1

J'aime sortir, moi!

A Au café

Ecoutez le dialogue deux ou trois fois et marquez les activités mentionnées.

Remplissez.

Bernadette aime	Son frère Yves aime

Warum beschwert sich Bernadette über ihren Bruder?
Antwortet auf Deutsch.

B Et toi, qu'est-ce que tu préfères? *(Was tust du lieber?)*

Travail à deux
Stellt einander Fragen und beantwortet sie.

Qu'est-ce que tu préfères? Lire ou regarder la télé?

Moi, je préfère regarder la télé.

- écouter de la musique ou travailler?
- sortir ou rester à la maison?
- faire du sport ou aller au cinéma?
- surfer sur Internet ou rencontrer des amis?
- téléphoner ou jouer à l'ordinateur?

C Négation

Yves **ne** travaille **pas** sur l'ordinateur, il joue.

Bernadette **ne** reste **pas** à la maison, elle préfère sortir.

Wie verneint man etwas auf Französisch?

D A la chaîne *(am Fließband)*

Jemand sagt z.B.:
J'aime écouter de la musique, je n'aime pas faire du sport.
Der nächste wiederholt: X n'aime pas faire du sport.
Und setzt dann fort: Moi, je n'aime pas ... j'aime ...
Der dritte wiederholt: XY n'aime pas ... Moi, ...

---

2 J'aime la musique!

A

Et toi, tu aimes la musique? le sport? la télé? la gymnastique? l'école? les mathématiques? les films d'horreur?

Zwischen *aimer* und dem Nomen steht der ....

B un – le / l' une – la / l' des – les

Transformez.

une classe	→ la classe	un ipod	→ ....
une porte	→	des clés	→ ....
des livres	→	des amis	→ ....
un agenda	→	un ami	→ ....
un tableau	→	une école	→ ....
un cahier	→	une copine	→ ....
une gomme	→	un hôtel	→ ....

C C'est ton frère?

C'est ton frère? — Non, c'est le frère de Nicole.
Ce sont tes cahiers? — Non, ce sont les cahiers d'Alice.

Continuez avec les exemples suivants. Travaillez à deux.

ta sœur / Julien	ta trousse / Olivier	ton agenda / Grégoire
tes clés / Sandra	ton sac / Marianne	ton ami / Sébastien
ton livre / Zoé	tes classeurs / Cyril	tes feuilles / Eric

D Pour toute la classe – Une enquête d'opinion *(eine Meinungsumfrage)*

Formez 3 ou 4 groupes. Dans chaque groupe, il y a un journaliste.
Le journaliste demande aux élèves de son groupe s'ils aiment:
(Der Journalist fragt die Schüler seiner Gruppe, ob sie Folgendes mögen:)

la gym	le football	le volley-ball	le jogging
le ski	les maths	la biologie	l'anglais

Les journalistes notent les réponses. Après, ils parlent des résultats. *(Die Journalisten notieren die Antworten und sprechen dann über die Ergebnisse.)*

3 élèves de mon groupe aiment ....
Personne n'aime .... *(niemand)*
Tout le monde aime .... *(alle)*

3 On va chez Mireille?

A Au téléphone

29

Hört euch das Beispiel mehrmals an und streicht die Tage und die Uhrzeiten an, die erwähnt werden. Schreibt anschließend R (für Robert) und B (für Bernard) zu den entsprechenden Aktivitäten.

lundi	2 heures	chez Mireille	**qui?** → ....
mardi	3 heures	ciné avec Claudine	→ ....
mercredi	4 heures	match de football	→ ....
jeudi	5 heures	école	→ ....
vendredi	6 heures	rendez-vous avec Elise	→ ....
samedi	7 heures	basketball	→ ....
dimanche	8 heures	chez Robert	→ ....

B **Lisez le texte du dialogue 3A page 37 et trouvez les expressions correspondantes.** *(Findet die französischen Entsprechungen im Dialog.)*

schade = ...
das ist super = ...
zu mir = ...
nicht schlecht = ...
und du? = ...

Da kann man nichts machen. = ...
Kommst du auch? = ...
nicht am Sonntag = ...
ich hasse Fußball = ...
es tut mir leid = ...

Wie kannst du auf Französisch ein Angebot ablehnen?

C **Travail à deux**

On va chez ...?	Non, ça ne va pas. J'ai ...	à ...
Mireille	un match	2 heures
Robert	un rendez-vous	3 heures
mon cousin	➜	4 heures
ma copine	➜	5 heures
mon oncle	➜	6 heures
ma tante	➜	➜ ....

Faites des mini-dialogues.

30 **D** **Ecoutez et ajoutez la forme correcte du verbe aller** (voir p. 38).

Tu .... où? Je .... chez Mireille.
Vous .... au café? Non, nous .... au ciné.
Elle .... où? Elle .... à Lyon.
Ils .... où? Ils .... au restaurant.
Il .... à Marseille? Non, il .... à Paris.
Vous .... où? On .... au théâtre.

E **Réactions**

Lest euch nochmals die Dialoge Seite 37 durch und ordnet anschließend die folgenden Reaktionen.

☺ Pas mal! Super! Dommage! Tant pis. ☹

31 Ecoutez et réagissez. *(Reagiert nun auf die Aussagen.)*

4 32

A quelle heure?

Salle 1 Salle 2 Salle 3

Complétez.

Salle 1: 11:00 | .... | ....

Salle 2: .... | ....

Salle 3: .... | .... | 19:00 | ....

Textes oraux

1A Au café

Amira: Salut Bernadette, ça va?

Bernadette: Non, ça ne va pas du tout!

Amira: Qu'est-ce que tu as?

Bernadette: C'est mon frère, il est trop bête!

Amira: Moi, je trouve qu'il est gentil.

Bernadette: Tu n'es pas sa sœur, toi! Avec toi, il est charmant, mais à la maison … Nous sommes tellement différents. Moi, j'aime aller au ciné et rencontrer des amis. Lui, il préfère regarder la télé, jouer à l'ordinateur et surfer sur Internet. Il aime rester à la maison et moi, j'aime sortir.

Amira: Et où est le problème?

Bernadette: Mes parents pensent qu'il travaille tout le temps.

3A Au téléphone

Robert: Salut Bernard, ça va?

Bernard: Super! Et toi?

Robert: Pas mal. Ecoute, on va chez Mireille vendredi, tu viens aussi?

Bernard: Vendredi, ça ne va pas, je vais au ciné avec ma cousine.

Robert: Dommage. Et samedi? On fait du basket à 3 heures.

Bernard: Je regrette, j'ai rendez-vous avec Elise à 4 heures.

Robert: C'est qui, Elise?

Bernard: Une copine de ma sœur. Elle n'est pas mal.

Robert: Alors tu viens chez moi dimanche? J'ai un nouveau jeu, il n'est pas mal.

Bernard: Non, pas dimanche. Il y a le match France – Espagne.

Robert: Ah toi et le football! Moi, je déteste le football. Tant pis. On se voit lundi à l'école, alors. Ciao.

Bernard: Salut Robert.

3E
Regarde, j'ai un nouveau portable.
Mon frère est trop bête!
Je n'aime pas aller au cinéma.
Mon cousin habite à New York.
C'est un livre intéressant.
Samedi, je préfère rester à la maison.
C'est l'ipod de mon frère.
Je déteste la musique techno.
J'ai trois sœurs et deux frères!
Il est très sportif. Il fait du basketball, du football et du volleyball.

Ça fonctionne comment?

faire	aller	préférer
je fais	je vais	je préfère
tu fais	tu vas	tu préfères
il fait / on* fait	il va / ça va / on va	il préfère
elle fait	elle va	elle préfère
nous faisons	nous allons	nous préférons
vous faites	vous allez	vous préférez
ils / elles font	ils / elles vont	ils / elles préfèrent

* *on* kann *man* oder *wir* heißen,
es steht immer mit der 3. Person Einzahl.

Attention à l'accent!

L'article défini *(bestimmter Artikel)*

	masculin	féminin
singulier: le / la / l'	**le** père	**la** mère
	le cahier	**la** trousse
	le portable	**la** feuille
Vor Vokal oder h:	**l'**ami	**l'**amie
	l'agenda	**l'**école
	l'hôtel	
pluriel: les	masculin	féminin
	les livres	**les** portes

La négation *(Verneinung)*

Son frère **ne** travaille **pas.** Il **n'**aime **pas** sortir. Ça **ne** va **pas.**
Das Verb wird von *ne (n')* und *pas* eingeschlossen. Beim Sprechen fällt das *ne* oft weg.

Comment dit-on?

aimer préférer détester rencontrer jouer écouter surfer travailler rester sortir aller faire lire	J'aime aller au ciné(ma). Il préfère regarder la télé. la gym(nastique) des amis à l'ordinateur de la musique sur Internet sur l'ordinateur à la maison J'aime sortir avec Alice. Il va chez un copain. du basketball Je fais du football.	lundi mardi mercredi jeudi vendredi samedi dimanche à 3 heures à 6 heures à 1 heure
Qu'est-ce qu'il y a? / Qu'est-ce que tu as? Ça ne va pas (du tout)! Moi, je trouve qu'il est gentil. On va au cinéma? Tu viens aussi? J'ai rendez-vous avec … dommage Je regrette. Tant pis. Où est le problème? tout le temps		gentil/le charmant/e bête différent/e chez moi à la maison … à l'école avec Alice

A petits pas	**Klar!**	**Noch unsicher**
Ich kann alltägliche Aktivitäten benennen.		
Ich kann sagen, was ich gerne mache und was mir nicht gefällt.		
Ich kann berichten, was jemand gerne tut.		
Ich kann einen Vorschlag machen und ablehnen.		
Ich kann den Wochentag und die Uhrzeit (volle Stunde) angeben.		

1

Comment dit-on?

Qu'est-ce que vous prenez? Salut Karem, ça va?
Ça ne va pas, je vais au match avec Didier.
Tu t'appelles comment? Voilà.
Je m'appelle Christian. Un jus d'orange, s'il vous plaît.
Tu me prêtes une feuille, s'il te plaît?
Je regrette, j'ai rendez-vous avec Claudine.

Remplissez les bulles avec les éléments donnés. Jouez ces petites scènes.
(Füllt die Sprechblasen mit Hilfe der gegebenen Formulierungen aus. Spielt die Szenen nach.)

2

Je m'appelle Sarah …

Ecoutez et remplissez.

nom	
âge	
adresse	
ville	
frères et sœurs – âge	
nationalité	
nationalité des parents	
école	
amis	
sport préféré	

3

La chambre de Nicolas

Regardez le dessin et dites ce que Nicolas aime (faire).
(Schaut euch die Zeichnung an und sagt, was Nicolas mag.)
Et toi, tu aimes les mêmes choses (*das Gleiche*)?

Questions questions

1

Interviews

A Vous êtes mariée?

Ecoutez et cochez la réponse correcte.

a. **Isabelle Forlani est**
- ☐ ingénieur.
- ☐ peintre.
- ☐ journaliste.

Elle habite
- ☐ seule.
- ☐ avec un ami.
- ☐ avec son enfant.

b. **Sylvie a**
- ☐ 18 ans.
- ☐ 16 ans.
- ☐ 19 ans.

Elle est
- ☐ lycéenne.
- ☐ architecte.
- ☐ étudiante.

Elle habite
- ☐ avec un copain.
- ☐ seule.
- ☐ avec deux copains.

c.

Vrai ou faux?	**vrai**	**faux**
Raphaël et Georges sont copains.		
Georges va au collège.		
Ils habitent au deuxième étage.		
Raphaël a 13 ans.		
Raphaël va au collège.		
Raphaël et Georges ont une sœur.		
La sœur a 15 ans.		

B **Ecoutez les trois interviews encore deux ou trois fois, puis répondez aux questions.**

- Isabelle Forlani est architecte?
- Elle est mariée?
- Son enfant s'appelle Frédéric?
- Elle aime le sport?

- Sylvie a quel âge?
- Elle est lycéenne?
- Elle habite avec sa mère?
- Elle fait souvent du shopping?

- Raphaël est étudiant?
- Les deux frères ont quel âge?
- Ils habitent à quel étage?
- Raphaël fait quel sport?

C **Lisez les interviews a. et b. p. 47–48 et soulignez toutes les questions.**
Welcher Unterschied besteht zwischen Interview a. und b.?

Lest euch nun das Interview c. S. 48 durch und unterstreicht alle Fragen, in denen *vous* vorkommt.
Welche Bedeutung hat das *vous* hier?

VOUS kann also .... oder .... bedeuten.

D **Transformez.** *(Formt um!)*

Tu es mariée? ➔ Vous êtes mariée?

Tu habites seule? ➔ ....
Tu t'appelles comment? ➔ ....
Tu es étudiante? ➔ ....
Tu habites avec deux copains? ➔ ....
Tu es peintre? ➔ ....
Tu as quel âge? ➔ ....
Tu habites à quel étage? ➔ ....
Tu as une sœur? ➔ ....
Tu aimes le sport? ➔ ....
Tu joues dans un club? ➔ ....
Tu as des frères ou sœurs? ➔ ....

E Les questions sont en désordre! Rétablissez l'ordre correct.

(Die Fragen sind durcheinandergeraten. Stellt die richtige Reihenfolge her!)

☐ Tu es étudiante?	☐ J'ai 22 ans.
☐ Quelle est ta profession?	☐ Non, j'habite avec ma famille.
☐ Qu'est-ce que tu aimes faire?	☐ Je suis photographe.
☐ Tu as quel âge?	☐ Non, je travaille.
☐ Tu habites seule?	☐ J'aime lire et j'aime le volley-ball.

☐ Quelle est votre profession?	☐ Bondy. Jacques Bondy.
☐ Et vous aimez le sport?	☐ Non, je suis célibataire.
☐ Quel est votre nom, Monsieur?	☐ J'ai 42 ans.
☐ Vous êtes marié?	☐ Je suis chauffeur de taxi.
☐ Vous avez quel âge?	☐ Non, je n'aime pas le sport.

Was könnte *célibataire* bedeuten?

Apprendre par cœur

Choisissez une des deux interviews et apprenez-la par cœur.

(Wählt eines der beiden Interviews aus und lernt es auswendig.)

F Pour toute la classe

Roland / 17 / lycéen / père / soeur (14) / jogging / café

- Welche Fragen würde ein Journalist Roland stellen?
- Wie bedankt sich der Journalist für das Interview?
- Was antwortet Roland darauf?

Sucht euch nun eine neue Identität und notiert Namen, Alter etc. (siehe oben). Geht dann in der Klasse herum und stellt den anderen Fragen, um herauszufinden, wer ihr seid und was ihr (gern) macht.

---

2 C'est à quel étage?

A Raphaël et Georges habitent au troisième étage.
Sylvie habite au deuxième étage.
Madame Forlani habite au premier étage.
Monsieur Rochat habite au rez-de-chaussée.

Et toi, tu habites à quel étage?
Et ton copain / ta copine / ta tante / ton cousin … ils habitent à quel étage?
Et ton professeur de français, il / elle habite à quel étage?

B Pour toute la classe

Teilt die Klasse in 2 oder 3 Gruppen. In jeder Gruppe gibt es einen Portier, der in einem Bürohaus arbeitet. Die anderen fragen, wo die verschiedenen Büros sind.

troisième étage:	**Docteur Guérin / Agence Rotard / Société Futura**
deuxième étage:	**Société Porello**
premier étage:	**Bureau Immobilier / M. Toretto, Architecte**
rez-de-chaussée:	**Bollin et Villeret, Avocats / Société Impex S.A.**

Je cherche … où est … s'il vous plaît?
…, c'est à quel étage?
La Société Impex est au rez-de-chaussée.

---

3 L'école en France

A Ajoutez les mots qui manquent.

La sœur de Raphaël a 5 ans, elle va à la maternelle.
Georges a 14 ans, il est au collège*, il est ....
Raphaël a 16 ans, il est au lycée, il est ....
La cousine de Raphaël va au lycée professionnel, elle est ....
Sylvie va à l'université, elle est ....
Son copain Patrick est ....

* Ins *collège* gehen alle französischen Schüler zwischen 10/11 und 14/15.

lycéen étudiante
collégien étudiant
apprentie mécanicienne

B Tu es en quelle classe?

Le collège

Claire a 11 ans,
elle est en sixième.

Simon a 13 ans,
il est en quatrième.

Ils sont en quelle classe?

Céline a 14 ans, elle est en ....
Aline a 12 ans, elle est en ....

In welcher Klasse wären sie bei uns?

Le lycée

en France	en Autriche
	la cinquième
la seconde	la sixième
la première	la septième
la terminale	la huitième

Moi, je suis en ....

4

Personnages

A Tu habites seul/e?

Tu habites avec qui? Tu as un frère / une sœur? un cousin / une cousine?
Ils ont quel âge? Ils vont à l'école?
Ils sont en quelle classe? Qu'est-ce qu'ils aiment faire?
Ils aiment le sport? Ils jouent dans un club?

Du kannst jede Frage einzeln beantworten, du kannst aber auch mit Hilfe dieser Fragen in ein paar zusammenhängenden Sätzen über deine Familie berichten.

B A vous d'imaginer

Travail à deux
Répondez.

- Quel est son nom?
- Il a quel âge?
- Quelle est sa profession?
- Quelle est sa nationalité?
- Il habite où?
- Il est marié?
- Il parle français?
- Il parle anglais?
- Il est sportif?
- Il est gentil?
- Il aime regarder la télé?
- Qu'est-ce qu'il aime?

→ Et elle? C'est qui?
→ Faites l'interview.

Les deux se rencontrent. Imaginez un dialogue.

C Paroles magiques – Poser des questions

Bildet so viele Fragen wie möglich.

habites tu Sylvie seul habitez
au ras 3ème étage avec ta famille
chez collège Alex lycée vous

Textes oraux

1A Interviews
a.
Journaliste: Vous vous appelez comment?
Isabelle: Je m'appelle Isabelle Forlani.
Journaliste: Quelle est votre profession?
Isabelle: Je suis peintre.
Journaliste: Vous habitez seule? Vous êtes mariée?
Isabelle: Non, je ne suis pas mariée, mais j'ai un enfant, Antoine. Il a 4 ans.

Journaliste: Et vous travaillez où?
Isabelle: Je travaille à la maison.
Journaliste: Et qu'est-ce que vous aimez faire?
Isabelle: Euh ... J'aime aller au théâtre, faire du shopping et ... j'aime voyager.
Journaliste: Et le sport, vous aimez le sport?
Isabelle: Ah non, je n'aime pas le sport! Non, non, je ne suis pas sportive.
Journaliste: Je comprends. Merci pour l'interview.
Isabelle: De rien.

b.
Journaliste: Tu t'appelles comment?
Sylvie: Sylvie.
Journaliste: Tu as quel âge?
Sylvie: J'ai 19 ans.
Journaliste: Tu es lycéenne?
Sylvie: Non, je suis étudiante.
Journaliste: Tu habites seule?
Sylvie: Non, j'habite avec deux copains. Ils sont aussi étudiants. Ils s'appellent Bernard et Patrick.
Journaliste: Et qu'est-ce que tu fais pendant ton temps libre?
Sylvie: Je fais souvent du jogging et j'aime faire des promenades. Et parfois je vais au cinéma.
Journaliste: Merci pour l'interview.
Sylvie: Je vous en prie.

c.
Journaliste: Et vous deux, une interview, ça vous intéresse? Vous vous appelez comment?
Garçon: Raphaël.
Journaliste: Pardon? Tu peux répéter?
Garçon: Je m'appelle Raphaël.
Journaliste: Et ton copain?
Raphaël: C'est mon frère, il s'appelle Georges.
Journaliste: Vous habitez ici?
Raphaël: Oui, au troisième étage.
Journaliste: Et vous avez quel âge, vous deux?
Raphaël: Mon frère a 14 ans et moi, j'ai 16 ans.
Journaliste: Vous êtes lycéens?
Raphaël: Moi, je vais au lycée, mais mon frère, il est encore au collège.
Journaliste: Et vous habitez avec vos parents?
Raphaël: Oui. Et nous avons une petite sœur, elle s'appelle Miriam et elle a 5 ans.
Journaliste: Vous aimez le sport?
Raphaël: Oui beaucoup. Je fais très souvent du football. Je joue dans un club.
Journaliste: Bon. Merci pour l'interview, Raphaël.
Raphaël: De rien.

Ça fonctionne comment?

s'appeler	je m'appelle tu t'appelles il / elle s'appelle	nous nous appelons vous vous appelez ils / elles s'appellent

Comment poser des questions *(Wie man Fragen stellt.)*

→ Mit Fragewort:

per du		per Sie oder Mehrzahl
Tu t'appelles comment?	wie?	**Vous** vous appelez comment?
Tu habites où?	wo?	Vous habitez où?
C'est qui?	wer?	
Qu'est-ce que tu aimes?	was?	Qu'est-ce que vous aimez?
C'est quoi?		

que wird am Ende des Satzes zu *quoi.*

→ Ohne Fragewort: Intonationsfrage

Tu es marié/e?	Vous êtes marié/e?
Tu habites seul/e?	Vous habitez seul/e?
Tu es lycéen/ne?	Vous êtes étudiant/e?
Tu aimes le sport?	Vous aimez le sport?

Die Frage unterscheidet sich nur durch die Satzmelodie vom Aussagesatz.
Beim Schreiben nicht das Fragezeichen vergessen!

→ la question avec **quel / quelle**

masculin	féminin
Tu as **quel** âge?	**Quelle** est votre profession?
Vous habitez à ***quel*** étage?	Le film est à **quelle** heure?
Quel est votre nom?	Tu es en **quelle** classe?

Les nombres ordinaux *(Ordnungszahlen)*

le premier, la première	Christophe habite au premier étage.	le / la septième
le / la deuxième, le / la second/e		le / la huitième
le / la troisième	Sophie est en troisième.	le / la neu**v**ième
le / la quatrième		le / la dixième
le / la cinquième		le / la onzième
le / la sixième		le / la vingtième

An die Kardinalzahl *(deux, trois ...)* wird *-ième* angehängt.
Endet die Kardinalzahl auf *-e,* so fällt dieses weg. *(onze – onzième)*

Comment dit-on?

journaliste peintre chauffeur photographe employé/e étudiant/e lycéen/ne collégien/ne apprenti/e mécanicien/ne	l'université f. le lycée (professionnel) le collège la maternelle un enfant petit/e ma petite sœur Quel étage? au premier étage au rez-de-chaussée	Qu'est-ce que tu fais pendant ton temps libre? J'aime faire du jogging du football du shopping des promenades J'aime aller au théâtre. Elle aime la musique
Quelle est votre profession? Je suis journaliste. Vous êtes marié/e? Je suis célibataire. Tu es étudiant/e? Merci pour l'interview. De rien. Je vous en prie.		(très) souvent parfois encore Il est encore au collège.

A petits pas	Klar!	Noch unsicher
Ich kann jemandem einfache persönliche Fragen stellen (z.B. über die Familie).		
Ich kann auf persönliche Fragen antworten.		
Ich kenne einige Berufsbezeichnungen.		
Ich kann mich bedanken und auf einen Dank reagieren.		
Ich kann sagen, in welche Klasse jemand geht.		
Ich kann sagen, in welchem Stock jemand wohnt.		

Qu'est-ce qu'on fait?

1 35 **A** On va chez Serge?

Ecoutez et cochez.

Vrai ou faux?	vrai	faux
Christophe habite au troisième étage.		
Il est dans la classe de Jean-Luc.		
Sophie aime la musique.		
Ils vont chez Serge.		
Serge habite au deuxième étage.		
Sophie aime le couscous.		
Ils mangent des spaghettis.		

Qui dit quoi? *(Wer sagt was?)*

C'est bien, non? Je n'ai pas envie. Il est super!
Bon, d'accord. Chouette!
Pas maintenant. Ah, très bien. D'accord?

Christophe: Je n'ai ...
Sophie: ...
Jean-Luc: ...

B Travail à deux

A propose quelque chose *(schlägt etwas vor)*.
B est d'accord / n'est pas d'accord.

chez Pierre, Christine etc.
chez le coiffeur
chez moi / toi
on mange …
chez le dentiste, le médecin
chez le photographe
on écoute …
on fait …

C Travail à deux

Faites des petits dialogues.

les bananes	les oranges	les tomates	la salade	
la pizza	les bonbons	le chocolat	les frites	les spaghettis
les carottes	les hot-dogs	les olives	les steaks	
les sandwichs	le jus d'orange	le coca	la limonade	le café

2

Le rendez-vous

36 **A** Jeudi après l'école

Ecoutez deux ou trois fois, puis corrigez les phrases.

Jean-Claude va au stade avec Alice.
Le match est lundi soir.
Mario va au Macadam avec Jean-Claude.
Mario sort avec Alice, parce qu'elle est intéressante.
Le match est à 10 heures.
Mario ne va pas au match.

37 **B** Vendredi, 8h20, devant le Macadam

Ecoutez et terminez les phrases.

Mario n'est pas au Macadam, parce qu'il est au ....
Alice et Mario ont rendez-vous à ....
Karem veut ....
Alice est ....
Ils vont au ....

C Vendredi, 9 heures

Lisez la bande dessinée.

Mario ist verärgert, weil Alice nicht auf ihn gewartet hat. Er sagt: ....
Als er sie mit Karem trifft, beschimpft er ihn. Worauf Alice sagt: ....
Alice hat jetzt keine Lust mehr, mit ihm fortzugehen, und sagt: ....

3 (CD 38) A Ecoutez et trouvez les expressions correspondantes.

morgen Abend	demain ...
bis morgen	
Findest du?	
sehr wichtig	
Das gibt's nicht!	
Na sowas!	
Hör mal, Alice.	
Warum nicht?	
Ich will nicht mehr.	
Verzieh dich!	

B Alors, comment dit-on?

Relisez les textes correspondants (p. 54 et p. 58), puis répondez aux questions.

Où est-ce que Jean-Claude veut aller demain soir? Pourquoi Mario ne veut pas aller avec lui? Le match est à quelle heure? A quelle heure Mario a rendez-vous? Qu'est-ce qu'il fait demain soir? Pourquoi Alice est fâchée*? Qu'est-ce que Karem propose à Alice? Qu'est-ce qu'ils font? Pourquoi Mario est fâché? Qu'est-ce qu'il veut faire? Pourquoi Alice ne veut plus sortir avec lui?

* *böse, verärgert*

C Travail à deux

Faites des petits dialogues d'après l'exemple:

Pourquoi tu vas au Reno avec Alice?

Parce qu'elle est très sympa.

Pourquoi tu ...

- → aller au cinéma avec Karem
- → aller au match
- → ne pas* sortir avec Thomas
- → ne pas aller au match
- → regarder la télé
- → sortir avec Stéphane
- → manger un couscous
- → ne pas faire du football

parce que / qu' ...

- → gentil
- → important
- → pas envie
- → rendez-vous avec Tina
- → film intéressant
- → marrant et sympa
- → adorer
- → pas sportif

* vor einer Nennform bleiben *ne* und *pas* zusammen

D Travail à deux

Füllt diesen Fragebogen aus und tauscht ihn dann mit eurem Nachbarn. Seht ihn euch genau an und berichtet dann der Gruppe, was er / sie am Samstag macht.

Questionnaire

Samedi je / j'	**parfois**	**souvent**	**rarement***
sors avec mes copains / copines			
fais du sport			
regarde la télé			
écoute de la musique			
vais chez des amis			
joue à des jeux vidéo			
téléphone à mes copains / copines			
fais une excursion			
vais à la piscine			
fais du shopping			

* *selten*

XY sort souvent avec ses copains, mais il fait rarement du sport.
Il écoute parfois de la musique et il fait souvent du shopping ...

An welcher Stelle stehen die hervorgehobenen Wörter?

4 Chez toi, pour lui ou avec elle?

A Apprendre par cœur

Il est chez **toi**?
Non, il est chez **lui**.
Chez qui?
Chez Pierre.

C'est pour **nous**?
Non, c'est pour **eux**.
Pour qui?
Pour Paul et Christian.

Tu sors avec **moi**?
Non, je sors avec **elle**.
Avec qui?
Avec Sandrine.

Die fettgedruckten Wörter sind betonte Fürwörter *(pronoms accentués)*.
Sie stehen immer nach einer ....

(Vergleicht anschließend p. 60.)

Lernt diese Texte auswendig und versucht anschließend, sie so schnell wie möglich zu sprechen. Wer ist am schnellsten?

39

B Lui, elle ou eux?

Ecoutez et cochez.

	1	2	3	4	5	6	7	8	9	10
lui										
elle	X									
eux										

C C'est pour qui, le cadeau?

Travail à deux

A travaille avec le livre, ***B*** avec le livre d'exercices p. 34.

A: Le livre est pour Patrick?

B: Non, ce n'est pas pour lui.

Continuez.

le livre	Eric
le stylo	Lucie
la trousse	Henri et Cyril
les cahiers	Cécile et Alice
le t-shirt	Aurélie
la radio	Matthieu
les bonbons	Marc et Julien
la photo	Mélanie et Zoé
le ballon	Alexandre
le chocolat	Sandra

40

D Chanson rythmique

Ecoutez, puis répétez.

Textes oraux

1A On va chez Serge?

Jean-Luc: Salut Sophie! Voici Christophe, il habite au premier étage et il est dans ma classe. C'est bien, non?

Sophie: Ah, très bien. Tu aimes les Machos, Christophe?

Viens, on écoute mon nouveau CD, il est super!

Jean-Luc: Pas maintenant, on va chez Serge au troisième étage.

Christophe: Non, je n'ai pas envie! On reste un peu chez vous et après on va chez moi pour manger un couscous. D'accord?

Jean-Luc: Bon, d'accord.

Sophie: Chouette! Moi, j'adore le couscous!

Jean-Luc: Moi, je préfère les spaghettis.

2A Jeudi après l'école

Jean-Claude: Tu viens au match avec moi, Mario?

Mario: C'est quand?

Jean-Claude: Demain soir.

Mario: Non, je ne peux pas, je sors avec Alice. On va au Macadam.

Jean-Claude: Quoi? Avec Alice???

Mario: Oui, elle est marrante et elle est très sympa!

Jean-Claude: Tu trouves? … Mais ce match, il est trop important!

Mario: C'est à quelle heure?

Jean-Claude: A 6 heures.

Mario: Bon d'accord, je vais au match avec toi, mais à 8 heures j'ai rendez-vous avec Alice.

Jean-Claude: Bon. A demain alors.

Mario: Ciao, à 6 heures devant le stade!

2B Vendredi, 8h20

Karem: Salut Alice. Qu'est-ce que tu fais ici toute seule?

Alice: J'ai rendez-vous avec Mario, mais il est en retard.

Karem: Mario? Il est au match, lui.

Alice: Ce n'est pas possible. On a rendez-vous à 8 heures.

Karem: Il est au stade avec Jean-Claude. Je viens du stade, moi!

Alice: Ça alors!

Karem: Ecoute Alice … euh … tu … tu ne veux pas venir avec moi?

Alice: Pourquoi pas?

Karem: Cool! On va où alors?

Alice: Au Reno?

Karem: Bonne idée!

4B Lui, elle ou eux?

1. C'est pour Nathalie.
2. On va chez Serge?
3. Ils sont chez Patrick et Roland.
4. Tu vas chez Marc?
5. C'est pour Philippe et Christian?
6. Tu es chez Catherine?
7. On va chez ta sœur?
8. Elle habite avec ses parents.
9. Tu sors avec Alice?
10. Il va au stade avec Jean-Claude.

4D Chanson rythmique

Pour toi avec elle avec lui chez moi
Chez nous pour eux avec elles chez vous
Chez moi pour nous avec vous chez toi
Avec vous chez elles chez lui pour toi

Comment dit-on?

Tu viens?	C'est quand?	chez moi / toi
	A quelle heure?	chez Pierre
C'est bien, non?	C'est pour qui?	chez le dentiste
D'accord?	pourquoi?	chez le médecin
Bon, d'accord.	parce que	
Ah, très bien.		important/e
Bonne idée!	demain soir	
Pourquoi pas?	être en retard	adorer
Pas maintenant.	Tu es en retard!	J'adore le couscous!
Je n'ai pas envie.		vouloir
Non, je ne peux pas.	Il est fâché.	Tu veux venir avec moi?

A petits pas	Klar!	Noch unsicher
Ich kann einen Vorschlag annehmen und ablehnen.		
Ich kann etwas begründen.		
Ich kann etwas / jemanden beurteilen.		
Ich kann mir mit jemandem etwas ausmachen.		

Ça fonctionne comment?

sortir*

je sors	nous sortons
tu sors	vous sortez
il / elle sort	ils / elles sortent

* eine kleine Gruppe von Verben auf *-ir* wird so abgewandelt.
z.B. *partir* (wegfahren), *servir*

vouloir	**pouvoir**
je veux	je peux
tu veux	tu peux
il / elle veut	il / elle peut
nous voulons	nous pouvons
vous voulez	vous pouvez
ils / elles veulent	ils / elles peuvent

ne … plus

Je **ne** veux **plus** sortir avec toi. *(nicht mehr)*
Je **n'**ai **plus** envie. *(keine Lust mehr)*

plus steht anstelle von *pas*

Le pronom accentué *(betontes Personalpronomen)*

moi	**Moi**, je m'appelle Sylvie.
toi	Et **toi?**
lui	Ils sont chez **lui.** (chez Jean-Claude)
elle	Il ne mange pas avec **elle.** (avec Alice)
nous	Tu regardes le match avec **nous?** *(mit uns)*
vous	On mange chez **vous?** *(bei euch)*
eux	Le livre est pour **eux.** (pour les copains)
elles	On va chez **elles.** (chez les copines)

Dieses Pronomen steht nach Präpositionen.	*pour lui, chez eux*
Zur Betonung des Subjekts kann es am Satzbeginn oder am Ende des Satzes stehen.	**Moi,** *je ne veux plus sortir.* *Il est au stade,* **lui.**

Qu'est-ce que tu prends?

1 J'ai faim.

A Ecoutez et corrigez les fautes.

41

1. J'ai faim. On peut manger quelque chose?
   Mais quoi? Il y a des restos ici?
   Il y a une brasserie au coin de la rue.
   Bon, on y va.

2. Alors, qu'est-ce que tu prends?
   Un croque-monsieur, j'ai très faim.
   Moi, je mange d'abord des saucisses-frites et après une tarte aux pommes.
   Ça alors!

3. Qu'est-ce que vous prenez?
   Un sandwich jambon-beurre et un jus d'orange.
   Et pour vous, Monsieur?
   Moi, je veux un café crème et un croissant.

4. Voilà les saucisses-frites et le croissant.
   Ce n'est pas pour moi. Je veux un croque-monsieur, moi.
   Oh pardon. Ça arrive tout de suite.

5. Ça fait combien?
   13,60 € Monsieur.
   Merci et bonne journée!

Comparez après avec le texte p. 65.

B Que font les personnes?

commander — s'excuser — payer — réclamer — aller manger qc. — parler nourriture

1. ....
2. ....
3. ....
4. ....
5. ....

C D'abord – après

Continuez avec ces éléments.

- un jus d'orange – un café
- un sandwich jambon – un gâteau au chocolat
- une eau minérale – une menthe à l'eau
- un croissant – une tarte aux pommes
- une salade – un steak-frites
- une soupe – des frites
- un thé citron – un orangina

42 D Ecoutez et notez les formes correctes de *prendre*.

(Notiert nur die Verbformen, nicht den ganzen Satz!)

tu ....

....

....

....

....

....

E Et toi, qu'est-ce que tu prends le matin*?

Tu aimes le café
la tarte aux pommes
les croissants
les frites
la soupe
le thé citron

Fais une liste de tout ce que tu aimes manger et boire au petit déjeuner.

** am Morgen, am Vormittag*

2

Les nombres de 20 à 1000

A Ajoutez les nombres qui manquent. *(Setzt selbst die fehlenden Zahlen ein!)*

vingt — cinquante et un — quatre-vingt-douze
trente et un — vingt-deux — quatre-vingt-deux
quarante et un — soixante-treize — soixante et un

20	....	**51**	....	**81**	quatre-vingt-un
21	vingt et un	**52**	cinquante-deux	**82**	....
22	....	**60**	soixante	**90**	quatre-vingt-dix
30	trente	**61**	....	**91**	quatre-vingt-onze
31	....	**70**	soixante-dix	**92**	....
32	....	**71**	soixante et onze	**100**	cent
40	quarante	**72**	soixante-douze	**200**	deux cents
41	....	**73**	....	**1000**	mille
50	cinquante	**80**	quatre-vingt	**2000**	deux mille

B Schreibt die Zahlen aus!

C'est le bus numéro 76. ....
Elle a 81 ans. ....
Ils habitent au numéro 66. ....
Il fait 72 kilos. ....
C'est la maison numéro 41. ....
Il a 57 ans. ....
Elle habite au numéro 92. ....
C'est le bus numéro 32. ....
Et ça, c'est quel bus? ....

43 **C** Ecoutez, notez et calculez!

Exemple: 62 + 12 = 74

44 **D** Ça fait combien?

Ecoutez et notez les prix (*Preise*).

croissants ....
melons ....
tomates ....
camembert ....
jus d'orange ....
saucisses maison ....

E Formules

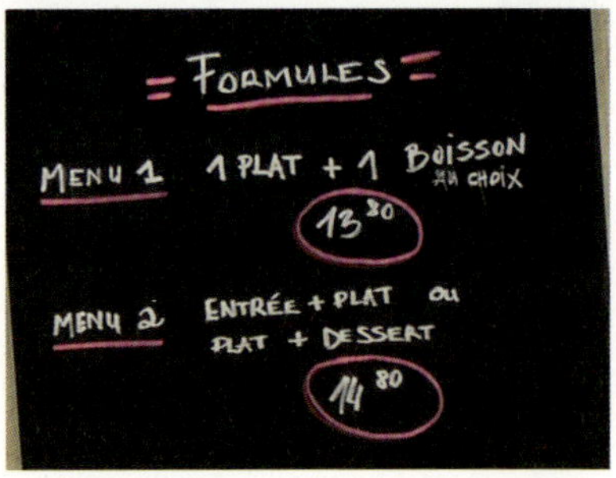

Den Begriff *formule* gibt es auf Deutsch nicht.
Welche Übersetzung schlagt ihr vor?

Les deux menus coûtent combien?

---

3 C'est comment?

A Ecoutez et ajoutez la lettre correspondante.

45

B Ecoutez encore une ou deux fois et reliez ce qui va ensemble.

le café	trop sucrée
le poisson	excellente
la tarte aux pommes	trop froid
les frites	trop chaudes
le sandwich	très bon
la salade	trop salé

Was fällt euch beim *adjectif* auf?

C Mettez les mots dans les bonnes cases.
(Schreibt die Wörter in die richtigen Spalten.)

le café • le jus d'orange • la glace • le jambon • le thé • le coca
la tarte aux pommes • les frites *f.* • l'eau minérale *f.* • la salade
les saucisses *f.* • l'orangina *m.* • la soupe • le cacao • le croque-monsieur

chaud	chaude/s	froid	froide
sucré	sucrée	salé	salée

4

Il y a

A Qu'est-ce qu'il y a dans le sac de Lucie?

une …

Qu'est-ce qu'il y a dans ton sac aujourd'hui?

46 **B** Ecoutez et répétez, puis apprenez par cœur

Qu'est-ce qu'il y a à manger?
Il y a des saucisses, des frites, des sandwichs et des pommes.
Qu'est-ce qu'il y a chez Christophe?
Il y a un ordinateur, des jeux vidéos, des CD et des livres.
Qu'est-ce qu'il y a dans la classe?
Il y a des élèves, des tables, des chaises et des cahiers.

Textes oraux

1A J'ai faim.

1. J'ai faim. On va manger quelque chose?
   Mais où? Il y a des restos ici?
   Il y a une brasserie au coin de la rue.
   Bon, on y va.

2. Alors, qu'est-ce que tu prends?
   Un croque-monsieur, je n'ai pas très faim.
   Moi, je prends d'abord des saucisses-frites et après une tarte aux pommes.
   Ça alors!

3. Qu'est-ce que vous prenez?
   Un sandwich jambon-beurre et un orangina.
   Et pour vous, Madame?
   Moi, je prends un café crème et un croissant.

4. Voilà les saucisses-frites et le sandwich.
   Ce n'est pas pour moi. Je veux un croque-monsieur, moi.
   Oh pardon. Ça arrive tout de suite.

5. Ça fait combien?
   13,50 € Monsieur.
   Merci et bonne journée!

1D

Tu prends un thé? Nous prenons le bus.
Qu'est-ce que vous prenez? Moi, je prends un sandwich.
Et eux, qu'est-ce qu'ils prennent? Elle prend souvent le métro.

2C

40 et 11	32 et 44	28 et 39	41 et 32	61 et 34
83 et 13	65 et 22	71 et 19	79 et 14	94 et 5

2D Ça fait combien?

Les croissants aujourd'hui 2,80 € le paquet de cinq.
Les melons, 3,50 € la pièce.
Le kilo de tomates 1,89 €.
Egalement en promotion le camembert: 4,95 €
Et le litre de jus d'orange: 1,29 €
Et n'oubliez pas notre spécialité, les saucisses maison: 3,90 € les 200g

3A C'est comment?

Il est bon, le café? Oui, mais il est trop froid.
Il est très bon, le poisson! Oui, mais il est trop cher.
Elle est comment, la tarte aux pommes? Elle est trop sucrée.
Mange tes frites! Je ne peux pas, elles sont trop chaudes!
Il est comment, ton sandwich? Ça va, mais le jambon est trop salé.
Elle est bonne, la salade? Elle est excellente!

Comment dit-on?

un sandwich jambon-beurre	le matin	vingt
le jambon	d'abord	vingt-deux
le beurre	après	trente et un
un croque-monsieur	aujourd'hui	trente-deux
un gâteau au chocolat	tout de suite	quarante et un
une tarte aux pommes		cinquante et un
une pomme	trop cher	soixante et un
une eau minérale	trop chaud/e # froid/e	soixante-treize
une menthe à l'eau	trop sucré/e # salé/e	quatre-vingt-deux
un croissant	excellent/e	quatre-vingt-douze
une salade		cent
un steak-frites	On y va.	mille
un poisson	On va manger quelque chose?	
une soupe	Qu'est-ce que tu prends?	J'ai faim.
des saucisses f.		Je n'ai pas (très) faim.
des frites f.	il y a	Ça fait combien?
	Qu'est-ce qu'il y a à manger?	Merci et bonne journée.

Ça fonctionne comment?

prendre

je prends
tu prends
il / elle prend
nous prenons
vous prenez
ils / elles prennent

L'adjectif qualificatif

masculin	**féminin**	
1. chaud	chau**de**	Ein **-e** wird angehängt,
excellent	excellen**te**	der Konsonant am Ende wird ausgesprochen.
français	frança**ise**	
2. sucré	sucré**e**	Ein **-e** wird angehängt, die Aussprache bleibt aber gleich.
3. sympathique (sympa)		*Masculin* und *féminin* sind gleich.
bête		

Unregelmäßige Femininformen

bon	bon**ne**
cher	ch**è**re
gentil	genti**lle**

## A petits pas	Klar!	Noch unsicher
Ich kann einige „Snacks" benennen.		
Ich kann sagen, wie etwas schmeckt.		
Ich kann etwas zu essen bestellen.		
Ich kann bis 1000 zählen.		
Ich kann nach dem Preis fragen.		
Ich kann sagen, was man zuerst und anschließend tut.		

Asseyez-vous!

1

L'école, c'est formidable!

Et toi, tu aimes l'école?

	☺ beaucoup	un peu	☹ pas du tout
la géo(graphie)			
l'histoire			
l'anglais			
le français			
les mathématiques			
la gym(nastique)			
la récré(ation)			
les vacances			

Cochez, puis parlez. Exemple: Tu aimes la gym? Oui, beaucoup.

2

Tu n'as plus cours?

A Ecoutez et cochez.

47

Vrai ou faux?	vrai	faux
Sandra n'a plus cours, parce qu'elle est malade.		
Yannick déteste la géo.		
Yannick a encore deux heures de maths.		
Sandra a des problèmes en maths.		
Yannick a toujours de bonnes notes en maths.		
Sandra veut aider Yannick.		
Demain Yannick a cours jusqu'à 4 heures et demie.		
Il va chez Sandra mercredi à 4 heures.		

B Corrigez ce qui est faux. *(Korrigiert die falschen Aussagen.)*

C Lisez le texte du dialogue p. 75 et trouvez les expressions correspondantes.

- Hast du keinen Unterricht mehr?
- Du hast Glück. Ich nicht.
- Wirklich?
- Ich habe immer schlechte Noten.
- meine besten Noten
- nach der Schule
- die Hausübungen machen
- zu müde

D Et toi?

Tu as de bonnes ou de mauvaises notes en maths
en anglais
en allemand
en histoire
en biologie

Tu es fatigué/e après l'école?
Tu manges à la cantine?
Tu fais tes devoirs avec un copain / une copine?
Tu travailles beaucoup pour l'école?
Tu as cours samedi?

E Ecoutez et notez la forme correcte du verbe venir.

48

je .... nous ....
tu .... vous ....
il / elle .... ils / elles ....

3

A L'emploi du temps de Laure

	lundi	mardi	mercredi	jeudi	vendredi
8:15	anglais	maths	anglais		français
9:05	phys.-chimie	français	hist.-géo	maths	arts plast.*
10:05	phys.-chimie	français	français	maths	éd. civique*
11:55	maths	anglais	espagnol	technologie	espagnol
13:30	espagnol	histoire		français	SVT*
14:20	SVT*	géo		arts plast.*	technologie
15:10		EPS*		phys.-chimie	
16:00		EPS*			

*
SVT: sciences de la vie et de la terre (biologie)
éducation civique: *Staatsbürgerkunde*
EPS: éd. physique et sport (gym)
arts plastiques (dessin)

Mardi, Laure a cours à 8 heures et quart (**08:15**) comme tous les jours. La pause de midi commence à une heure moins le quart (**12:45**). Elle mange à la cantine, après elle bavarde avec ses copines. Les cours recommencent à 1 heure 30 et durent jusqu'à 5 heures moins dix (**16:50**).

Vergleicht den französischen Stundenplan mit eurem.
Was fällt euch auf? Wie findet ihr ihn?

B Ecrivez votre emploi du temps en français.

4

Titeuf

Lisez la bande dessinée p. 71, puis travaillez en petits groupes.
Was könnten diese Ausdrücke in etwa bedeuten? (Besprecht das auf Deutsch.)
'sont cons! hé les mecs! bande de nuls! Il nous provoque! Banzaï!

Warum sagt Titeuf am Schluss *Y'a jamais assez*?

Versucht nun, die Geschichte mit Hilfe der untenstehenden Ausdrücke in 3–4 Sätzen zusammenzufassen.
être contents - parce que - jouer avec - être fâché - plus de purée
Comparez vos résultats.

*

Y'a: il y a;

Aux abris! Il riposte!!!: *In Deckung! Er geht zum Gegenangriff über!!!;*

c'était bon?: *war es gut?*

5 Asseyez-vous!

A Ecoutez et notez de quel cours il s'agit.

a. anglais b. ...

B Lisez maintenant les textes p. 75 et soulignez les ordres *(Befehle).*

Welche Verbform wird dabei häufig verwendet?
Was könnten *Tais-toi!* und *Taisez-vous!* heißen?

C **Was haben die folgenden Titel gemeinsam?**
Um welche Formen handelt es sich?

D Donnez des ordres. Choisissez dans les deux cases.

Exemple: Ouvre la porte!
Continuez.

ouvre	fermez	prends	la porte	la chanson	les livres	toi
écoutez	ouvrez	tais	ton cahier	ta trousse	vous	le CD
prenez	ferme	asseyez	ton sac	les feuilles	le prof	
écoute	levez	taisez	les bras	la fenêtre	le dialogue	

E Gebt nun einigen eurer Mitschüler Anweisungen.

Patrick, ouvre la porte!

Sandra, Christine, prenez le livre de français!

6

Tu le trouves comment?

A Was gehört zusammen?

Markiert die zusammengehörigen Sätze jeweils in derselben Farbe.
Was fällt euch auf?

Yannick aime les maths?	Oui, il **la** trouve super.
Grégoire aime Marie?	Non, il ne **le** connaît pas.
Simon aime sa moto?	Non, il **les** déteste.
Il connaît M. Béjat?	Oui, il **l'**aime beaucoup.

Notiert die richtigen Satzpaare in euer Heft.

Wofür stehen die Wörter, die im Text hervorgehoben sind?
Wie viele verschiedene Formen findet ihr?
Könnt ihr erklären, wann man welche Form verwendet?
Wo stehen diese Pronomen im Satz?
Nachdem ihr versucht habt, alle diese Fragen zu beantworten, vergleicht mit Seite 77.

B Répondez et remplacez l'objet dans la réponse.

Tu connais Gérard Depardieu? — Oui, je le connais. / Non, je ne le connais pas.

Sophie Marceau? →
les Beatles? →
la maison de ton prof? →
les Trois Mousquetaires? →
la Belgique? →

Tu achètes les tomates? — Oui, je les achète.

l'ipod pour Alice? →
le jean à 150 €? →
la baguette? →

Tu aimes la prof de gym? — Oui, je l'aime bien. / Moi, je la déteste.

le prof de maths? →
la prof d'histoire? →
le français? →

C Travail à deux

A pose des questions. ***B*** répond aux questions et remplace l'objet.
Après, changez de rôle.

Tu connais Napoléon?
Christian Dior?
Isabelle Adjani?
les Inconnus?
Sandrine Bonnaire?
les Rolling Stones?
Audrey Tautou?
Edith Piaf?
les Simpsons?
Astérix?
Laetitia Casta?
Carla Bruni?

D moi aussi – moi pas

J'aime beaucoup la gym.
Moi aussi

A la chaîne

A: J'aime beaucoup / J'adore la récré. ***B:*** Moi aussi. / Moi pas.
B: J'aime beaucoup le jus d'orange. ***C:*** Moi aussi. / Moi pas.

Continuez.

---

7 Profs

50

Ecoutez et dites de qui on parle. Ils sont comment? Remplissez.

sérère	juste	injuste	explique bien
sympa	un peu space	étourdi	absent
rigolo	drôle	ennuyeux	marrant

prof de gym
Elle est …

prof de géo
Il est …

prof de maths
Il …

Textes oraux

2A Tu n'as plus cours?

Yannick: Salut Sandra! Tu n'as plus cours?
Sandra: Non, la prof de géo est malade.
Yannick: Tu as de la chance, toi! Moi, j'ai encore deux heures de maths et je déteste les maths!!
Sandra: Moi pas, je trouve que c'est facile.
Yannick: Vraiment? Moi, je n'y comprends rien. J'ai toujours de mauvaises notes. Je bosse et je bosse, mais mes meilleures notes sont 8 ou 9. Tu ne peux pas m'aider?
Sandra: Pourquoi pas? Viens chez moi demain après l'école. On peut faire le devoir ensemble.
Yannick: C'est gentil. Mais demain j'ai cours jusqu'à 5 heures et demie et après, je suis trop fatigué.
Sandra: Mercredi après-midi alors?
Yannick: Oui, je veux bien. A 3 heures et demie?
Sandra: Viens plutôt à 4 heures.
Yannick: D'accord. A mercredi alors.

2E

Je viens à 7 heures, et toi, tu viens aussi? Non, je ne viens pas.
Daniel et Jean-Claude ne viennent pas. Luc vient avec Sandrine et Marie-Laure vient avec Paul.
Et vous, vous venez avec qui? Nous ne venons pas.

5A Asseyez-vous!

a. Bonjour! Asseyez-vous et ouvrez vos livres page 43 … Ecoutez.
   CD: His friend Peter didn't know what had happened, so he went straight to Elisabeth's house and ...
b. En 1785 Napoléon commence sa carrière militaire. Il mène beaucoup de campagnes en Italie, en Egypte, … Julien, tais-toi! … en Autriche et en Espagne. En 1804 Napoléon devient empereur des Français. Il …
c. Mettez-vous deux par deux! … Taisez-vous! … Levez les bras, respirez, … baissez les bras. Et maintenant, prenez le ballon et …
d. Finissez votre travail. N'oubliez pas d'enregistrer votre texte!
   Et maintenant sortez du logiciel.
   Madame, on peut éteindre?
   Non, pas encore, nous allons sur Internet tout de suite après …
e. Prenez vos livres, page 57, exercice numéro 3. Anne-Sophie, tu lis et toi, Olivier, tu viens au tableau.
   Anne-Sophie: Dessine un parallélogramme avec un angle de 35 degrés. … Le côté A mesure 6 centimètres et le …

7 Profs

Qu'est-ce qu'il y a Sarah? Il y a un problème? –
C'est le prof de géo. Il donne trop de devoirs. –
Il est si sévère? – Non, normalement il est assez sympa, parfois très marrant aussi. Aujourd'hui, je ne sais pas …

C'est qui? – C'est mon prof de maths. –
Il est comment? – Bof … un peu ennuyeux parfois … mais en fait, il explique bien, mais il ne finit jamais ses phrases.

Quoi? C'est ta prof? – Oui, c'est la prof de gym. Pourquoi? – Elle est jeune. –
Oui, mais elle est un peu space … j'ai toujours de mauvaises notes en gym …

Comment dit-on?

C'est formidable! j'aime beaucoup / un peu / pas du tout détester donner commencer # finir avoir cours Tu n'as plus cours? de bonnes / mauvaises notes	l'après-midi mercredi après-midi le soir demain jusqu'à 3 heures La pause commence à 10h5.	Il est comment? sévère juste # injuste ennuyeux / ennuyeuse étourdi/e absent/e marrant/e drôle mauvais/e fatigué/e malade Elle explique bien. Je trouve que c'est facile. moi aussi / moi pas
une matière l'anglais l'histoire la physique la chimie les mathématiques (maths)	la géo(graphie) la biologie la gym(nastique) le dessin la récré(ation) les vacances	

A petits pas	Klar!	Noch unsicher
Ich kann meine Schulfächer aufzählen und meinen Stundenplan beschreiben.		
Ich kann sagen, dass ich der gleichen oder anderer Meinung bin.		
Ich kann Anweisungen geben.		
Ich kann die Uhrzeit angeben.		
Ich kann eine Lehrperson beschreiben.		

Ça fonctionne comment?

venir	**connaître**	**lire**	**finir***
je viens	je connais	je lis	je finis
tu viens	tu connais	tu lis	tu finis
il / elle vient	il / elle connaît	il / elle lit	il / elle finit
nous venons	nous connaissons	nous lisons	nous finissons
vous venez	vous connaissez	vous lisez	vous finissez
ils / elles viennent	ils / elles connaissent	ils / elles lisent	ils / elles finissent

* Eine kleine Gruppe von Verben wird so abgewandelt. z. B. *remplir*

Le pronom personnel

Tu connais **René**? →Oui, je **le** connais.
Il trouve **Sophie** sympa? →Oui, il **la** trouve sympa.
Vous aimez **Astérix**? →Oui, **nous** l'aimons beaucoup.
Ils aiment les **Beatles**? →Non, ils **les** détestent.

le / l'
la / l'
les
} ersetzen ein Objekt ohne Präposition (4. Fall) und stehen unmittelbar vor dem Verb.

Auch in der Verneinung steht das Pronomen unmittelbar vor dem Verb und wird zusammen mit diesem von *ne* und *pas* eingeschlossen.

Sylvie aime la prof de géo? → Non, elle **ne** l'aime pas du tout.
Tu connais Gérard Depardieu? → Non, je **ne le** connais **pas**.

L'impératif

Prends les feuilles!
Tais-toi! Ecoute le prof!

→Der *impératif* für *tu* entspricht der Verbform der 1. Person Einzahl ohne Personalpronomen. Bei den Verben auf *-er* fällt daher das *-s* weg.

Ouvrez les fenêtres!
Asseyez-vous!
Fermez les livres!

→Der *impératif* für *vous* entspricht der Verbform der 2. Person Mehrzahl **ohne** Personalpronomen.

Quelle heure est-il?

Il est une heure!!!
Il est dix heures.

Il est neuf heures et quart. (09h15)
Il est une heure et demie. (01h30)
Il est huit heures moins le quart. (07h45)

Lectures

1. On n'a pas cours demain!

- Salut Maman! - Salut Hervé. Ça va?
- Super! On n'a pas cours demain! - Comment ça?
- Il y a un problème avec l'eau. Tout le rez-de-chaussée est inondé*. Et demain ils réparent. L'école est fermée.
- Tu es content, hein? - Ça c'est sûr! Je vais à la piscine avec Paul et sa sœur.
- Ah non, pense un peu à tes notes en anglais. Tu ne veux pas réviser un peu?
- Ah non! Pas demain!
- Et les autres jours tu es trop fatigué. Rien à faire, tu restes à la maison pour travailler.
- C'est pas juste! Pour une fois qu'on a pas cours! J'en ai marre!
- Je te fais une proposition: le matin, tu fais de l'anglais et l'après-midi tu peux aller à la piscine avec tes copains.
- Bon, d'accord.

Hervé n'est pas tout à fait d'accord, mais il doit accepter la décision de sa mère.

2. A la piscine

Paul, Myriam et Hervé sont dans l'eau depuis une heure.

- Je n'en peux plus, dit Paul. - On sort?
- Oui, j'ai soif. On va boire quelque chose? ajoute Myriam.

Alors les trois jeunes vont au bar où il y a la queue. Devant eux se trouve une fille anglaise ou américaine. On le devine par son accent.

- Je voudrais une ... ça.

Elle montre quelque chose du doigt. L'homme au buffet ne comprend pas. Paul veut l'aider, alors il demande:

- What you like?

(Paul spricht nicht fehlerfrei englisch. Richtig hieße es: What would you like?)
La fille se retourne.

- Oh, you speak English. I'd like some peanuts. They're over there beside the sandwiches.

Paul ne comprend pas très bien, alors il demande:

- You like un sandwich? - No, no. Peanuts.

Maintenant Hervé a compris et il dit à l'homme au bar:

- Un paquet de cacahuètes et un orangina s'il vous plaît. Il donne les cacahuètes à la fille.
- Merci beaucoup, combien? - 1,50 €.
- Dis donc Hervé, tu te débrouilles bien en anglais! dit Myriam d'un ton admiratif.
- Ah tu sais, j'ai passé toute la matinée à bûcher* l'anglais.

3. Patricia

Le lendemain, Hervé retourne à l'école. Il entre dans la salle de classe, mais il n'y a personne. Il est déjà 8 heures moins 5. Où sont-ils, ses copains de classe? Ah oui! Aujourd'hui sa classe est dans la salle de biologie à cause des travaux. Hervé

court pour ne pas être en retard.
Quand il entre, le professeur est déjà là. Vite, il s'assoit à côté de Paul.
- Nous avons une nouvelle élève, Patricia Burns, annonce le professeur.
- Bonjour Patricia. Tu parles français?
- Un peu. Mais je veux apprendre.
- Bien. Je vous demande d'aider Patricia dans son travail. Au début, elle va certainement avoir des difficultés en français.

Hervé est très surpris. Patricia Burns est la fille de la piscine.
Après le cours, Patricia vient vers lui et elle lui parle en anglais, mais Hervé ne comprend pas un mot.
- Excuse me, je dois aller aux toilettes, dit-il.

Comment lui expliquer que c'est par hasard qu'il sait le mot anglais pour « cacahuètes », mais qu'il est très mauvais en anglais. De plus, il la trouve sympa, Patricia. Mais comment lui parler?

Ce soir-là, il surprend toute la famille:
- Je veux prendre des cours particuliers* d'anglais, dit-il à ses parents.

Sa mère laisse tomber sa fourchette, tellement elle est surprise.
- Tu veux quoi?????
- Des cours particuliers d'anglais.
- C'est ce que je te propose depuis 3 mois, mais toi, tu refuses toujours!
- J'ai changé d'avis*, et je veux commencer le plus tôt possible.
- Je rêve! dit son père.

*
inondé - *überschwemmt*
bûcher - *büffeln*
des cours particuliers - *Nachhilfestunden*
j'ai changé d'avis - *ich habe meine Meinung geändert*

Terminez les phrases.
Hervé est content, parce qu'il .... Il veut aller ....
Mais sa mère dit qu'il .... Hervé n'est pas d'accord. Alors, sa mère lui propose de .... A la piscine Hervé rencontre ....
Le lendemain, la même fille est .... Pendant la récréation elle lui parle en .... mais Hervé ne comprend ....
La fille lui plaît, alors il décide de .... Ses parents sont ....

Warum will Hervé plötzlich Englisch lernen?

Dans les collèges français, les élèves ont cours de 8 à 16 ou 17 heures. A midi, ils mangent souvent à la cantine de l'école. Les mercredi et samedi après-midi sont libres. La meilleure note en France est 20, une note très rare. Quand on est mauvais dans une matière, on peut le compenser par une bonne note dans une autre matière. Pour le passage dans la classe supérieure, la moyenne *(Durchschnitt)* joue un rôle important.

On sort?

1

Textos

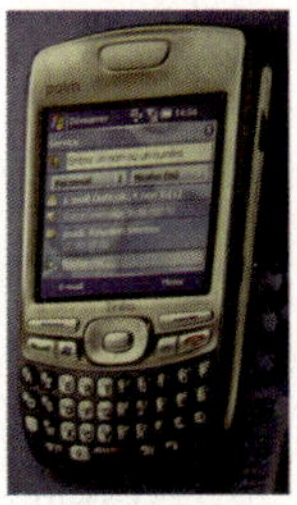

trien ce soir?
ya ki?
seb, stef et fab. lol!
¡rien a+

Vous comprenez? Essayez de « traduire ».

2

On se retrouve où?

51 **A** Samedi après-midi au café. Il y a Florence, Sandrine, Juliette, Henri et Antoine.

Ecoutez et choisissez.

Ils vont au ☐ Flouflou.
☐ Duduc.
☐ Dufour.

Le café est ☐ trop cher.
☐ trop loin.
☐ génial.

C'est ☐ près du stade.
☐ loin.
☐ à côté.

Ils prennent le bus numéro ☐ 46.
☐ 64.
☐ 74.

B A 9 heures dans le Duduc

Ecoutez et soulignez les prépositions qui sont dans les dialogues.

devant	dans	à côté (de)	à droite (de)
derrière	sur / sous	près (de)	à gauche (de)
entre	en face (de)	au milieu (de)	loin (de)

Complétez:

VOR	Henri est .... le Duduc.
NEBEN	Le Duduc est .... de l'arrêt de bus.
GEGENÜBER	Le stade est .... du Duduc.
WEIT	La gare est ....

Was könnten die anderen Präpositionen bedeuten?

C Lisez les textes 2A et 2B p. 86–87 et répondez aux questions.

Où est-ce qu'Henri veut aller ce soir?
Pourquoi Juliette n'est pas d'accord?
Où se trouve le Duduc?
Qu'est-ce qu'il y a à côté?
Et en face?
Ils se retrouvent à quelle heure?
Qui n'est pas au Duduc?
Il est où?
Il vient ou il ne vient pas?

3

Ils vont où?

Ils vont ...

à l'arrêt d'autobus — au stade — à la station de métro — à Vienne — place Réaumur — au Duduc — à l'université — à la gare — à Strasbourg — à l'hôtel — rue Dufour

A Travaillez à deux et écrivez les mots dans la bonne colonne.

le café – le restaurant – Paris – la bibliothèque – la gare – le cinéma – le théâtre
la poste – la banque – rue Blandeau – l'école – l'hôpital – place Vendôme – Lyon
la cathédrale – Marseille – rue St. Martin – l'aéroport – le musée
le supermarché – le parc

au	à la	à l'	à	–

Comparez p. 88.

B Où sont les souris?

Reliez. *(Verbindet.)*

Sourinette est dans le frigo.
Sven est devant le frigo.
Sophinette est sur l'armoire.
Speedy est sur la chaise.
Trottinette est sous la table.
Salopette est derrière la porte.
Mickey est entre le placard et la fenêtre.

C Travail à deux

Où sont les souris dans le livre d'exercice p. 51?

A travaille avec le livre, ***B*** avec le livre d'exercices.
A fragt ***B***, wo die Mäuse sind.

Il y a une souris sur le frigo?

D chez – à

Ordnet die Sprechblasen der Reihe nach.

Travail à deux

Faites des propositions et réagissez. *(Macht Vorschläge und reagiert darauf.)*

On va au ciné? D'accord!
Moi, je préfère aller au parc.
C'est une bonne idée!
Non, je n'ai pas envie. Je préfère ...

école – café – stade – hôtel – Paris – Serge – théâtre – poste – bibliothèque
Christine – Vienne – Lyon

53

E Ecoutez et répétez.

- Chez moi, chez toi ou à l'école?
- Chez Serge, chez Marc ou au café?
- Chez nous, chez vous ou à la poste?
- Chez lui, chez eux ou au lycée?

4

Comment on y va?

On y va	**à** pied	On prend	**le** train
	à / en vélo		le métro
	à / en moto		le tram
	en voiture		le vélo
	en train		**l'**avion
	en métro		**la** voiture
	en bus		la moto
	en tram(way)		
	en avion		

54

A Ils y vont comment?

Ecoutez et remplissez la grille.

1.	2.	3.	4.
en ...			

Ecoutez encore une ou deux fois, puis terminez les phrases.

1. Jules cherche ses clés, parce qu'il ...
2. Elles prennent le bus, parce que maman ...
3. Ils ne vont pas à pied, parce que ...
4. Elle prend le vélo, parce que ...

Lisez les dialogues p. 87 et cherchez les expressions correspondantes:

Beeil dich! Warte! Klar! Ich komm schon!
Wenn du willst. Das ist praktischer. Es ist gratis.

B Et toi, tu y vas comment?

Posez des questions à votre voisin/e.

Tu y vas comment, à l'école?
à Paris à la piscine à l'arrêt de bus
chez ta copine / ton copain au ciné à la gare
au stade chez le coiffeur ?

C On y va ensemble?

Ecoutez une fois et remplissez la grille.

Qui vient?

	oui	non	?
Sophie			
Marlène			
Christophe			
Jean-Luc			

Ecoutez une deuxième fois et répondez aux questions.

- Qui téléphone à qui?
- De quelles personnes parlent-elles?
- Qu'est-ce qu'elles décident *(beschließen)* de faire?

D Observation

Monsieur Bouilly est policier. Il observe un homme. Dans une voiture un autre policier attend. M. Bouilly parle dans son micro pour informer son collègue.

Cochez ce que vous entendez.

Il prend sa voiture. ☐
Il ne prend pas sa voiture. ☐
Il monte dans une voiture. ☐

Il va à la station de métro. ☐
Il va à l'arrêt de bus. ☐
Il passe devant la station de métro. ☐

Il a un ticket. ☐
Il n'a pas de ticket. ☐
Il achète un ticket. ☐

Il tourne à gauche. ☐
Il tourne à gauche, puis à droite. ☐
Il regarde à gauche et à droite. ☐

Tout à coup il entre dans un magasin. ☐
Tout à coup il voit un magasin. ☐
Tout à coup il regarde dans un magasin de chaussures. ☐

5

Paroles magiques

Bildet so viele Sätze wie möglich.

on	à	l'arrêt d'autobus	près de	va
en face de	la gare	Paul	est	avec
l'école	devant	l'hôtel	au	attend

Textes oraux

2A On se retrouve où?

Florence: Et on va où ce soir?

Henri: Au Flouflou.

Sandrine: Mais c'est nul!

Juliette: Et en plus, c'est trop cher!

Antoine: Qu'est-ce qu'on fait alors?

Sandrine: On pourrait faire du shopping.

Juliette: Je n'ai pas de thune, moi …

Henri: Je sais, on va au Duduc. On dit que c'est génial.

Florence: C'est où?

Henri: C'est rue Dufour, près du stade.

Antoine: C'est trop loin.

Henri: Pas du tout. Il y a un arrêt de bus juste à côté. On peut prendre le numéro 64.

Juliette: Bon, on y va. On se retrouve à quelle heure?

Florence: A 8 heures et demie?

Sandrine: D'accord.

2B A 9 heures dans le Duduc

Sandrine: Antoine ne vient pas?

Henri: Si, je ne sais pas où il est.

Salut Antoine!

Quoi?

Moi, je suis devant le Duduc.

Mais c'est facile. Tu descends à l'arrêt 12 et le Duduc est à côté, le stade est en face.

Comment, il n'y a pas de stade? Tu es où?

A la gare????

Tu es dans quel bus?

Ça alors! C'est le 64, pas le 74!

Ecoute, tu descends et tu prends le 32, après tu changes …
Bon, comme tu veux.

Sandrine: Qu'est-ce qu'il y a?
Henri: C'est Antoine, il ne vient plus.
Sandrine: Et pourquoi?
Henri: Il s'est trompé de bus. Il est à la gare maintenant, c'est trop loin ...
Sandrine: A la gare? C'est vraiment trop bête.

4A Ils y vont comment?

1. Dépêche-toi, Jules!
   Attends, je cherche mes clés.
   Tu veux y aller en voiture? Bien sûr!
2. Moi, je pars maintenant.
   J'arrive, maman! … On prend le bus?
   Oui, il est déjà 5 heures et j'ai rendez-vous chez le coiffeur.
3. On y va à pied?
   Ah non, c'est trop loin! On y va en métro.
   Si tu veux.
4. Tu vas au Louvre en métro?
   Non, je prends le vélo, c'est plus pratique.
   Et en plus, c'est gratuit.

4C On y va ensemble?

Marlène: Allô?
Sophie: Salut Marlène, c'est Sophie! Ça va?
Tu sais, Olivier fait une fête samedi. Tu viens aussi?
Marlène: Oui, on y va ensemble?
Sophie: Oui, bien sûr. Je demande à Christophe s'il veut venir avec nous.
Marlène: Et ton frère, il y va?
Sophie: Jean-Luc, bof, je ne sais pas ...
Alors, tu viens chez moi à 8 heures?
Marlène: Oui, comme ça on y va ensemble.
Sophie: Bon d'accord, à demain alors.
Marlène: Salut.

4D Observation

Le voilà! Il quitte la maison. Il ne prend pas sa voiture. Il va à l'arrêt de bus. Non, il tourne à gauche, il va à la station de métro. Il descend les escaliers. Il achète un ticket. Il regarde derrière lui. Il hésite. Il remonte les escaliers et continue à pied. Il marche vite. Il regarde à gauche et à droite. Tout à coup il entre dans un magasin. C'est un magasin de chaussures. J'attends au coin de la rue. Il est toujours dans le magasin. C'est incroyable! 15 minutes déjà! J'entre dans le magasin. Je ne le vois pas. Il n'est plus là ...

Ça fonctionne comment?

descendre*

je descends	nous descendons
tu descends	vous descendez
il / elle descend	ils / elles descendent

savoir

je sais	nous savons
tu sais	vous savez
il / elle sait	ils / elles savent

* Eine kleine Gruppe von Verben wird so abgewandelt. z. B. *attendre* (warten)

Prépositions de lieu

Il va	**à**	Paris.	Ortsnamen
On va	**au**	cinéma?	m.sg.
Ils vont	**à la**	gare.	f.sg.
Il est	**à l'**	école.	vor Vokal und h (m.+f.)
	à l'	hôtel.	
Elle travaille	**aux**	Galeries Lafayette*.	m.+ f.pl.
		* *großes Kaufhaus in Paris*	
Aber: Ils descendent		rue Dufour.	KEINE Präposition!
		place Réaumur.	

à (au) – chez

au bureau	**chez** le coiffeur
à la maison	**chez** Jules
à l'université	**chez** le médecin
à + Ort	*chez* + Person mit einem Ort verbunden *(bei, zu)*

sur le placard	*auf*	**derrière** la porte	*hinter*
devant la fenêtre	*vor*	**à côté** (de)	*neben*
entre la table et la chaise	*zwischen*	**près** (de)	*bei, in der Nähe*
dans la cuisine	*in*	**en face** (de)	*gegenüber*
sous le placard	*unter*	**loin** (de)	*weit weg (von)*

Le pronom *y*

y ersetzt eine Ortsangabe, *y* steht unmittelbar vor dem Verb.

Tu vas à Strasbourg? Oui, j'**y** vais.
Vous allez chez Paul? Non, nous n'**y** allons pas.

Comment dit-on?

devant	la gare	en plus	
derrière	le stade	plus tard	
dans	l'arrêt de bus m.		
sur	la station de métro	C'est plus pratique.	
entre	la bibliothèque	C'est gratuit.	
sous	l'hôpital m.	Ils vont où?	
	le musée	On y va à pied.	
à côté (de)	l'aéroport m.	On prend le métro.	
près (de)		Dépêche-toi!	
en face (de)	le vélo	J'arrive!	
au milieu (de)	la moto	Attends!	
à gauche (de)	la voiture	on pourrait ...	
à droite (de)	l'avion m.		
loin (de)	le train		
trop loin		demander	
	le frigo	descendre	
	la table	monter	Il monte dans le bus.
	le placard	continuer	
	les escaliers m.pl.	se trouver	La gare se trouve où?

A petits pas	Klar!	Noch unsicher
Ich kann Vorschläge zu einem Freizeitprogramm machen.		
Ich kann auf Vorschläge reagieren.		
Ich kann einen Treffpunkt ausmachen.		
Ich kann sagen, wohin ich gehe / fahre und welches Verkehrsmittel ich nehme.		
Ich kann sagen / verstehen, wo etwas ist.		

Cadeaux cadeaux

1

Bon anniversaire!

A

Anniversaires

Louis XIV
Je suis né en 1638.
Mon anniversaire est le 1er **septembre**.

Napoléon Bonaparte
Je suis né en 1769.
Mon anniversaire est le 15 **août**.

Jeanne d'Arc
Je suis née en 1412.
Mon anniversaire est le 6 **janvier**.

Um welche Monate handelt es sich?
Schreibe die Monate in der richtigen Reihenfolge auf.

mars - février - juin - mai - décembre - avril - juillet
octobre - novembre - août - septembre - janvier

Et ton anniversaire, c'est quand?

B Quel jour sommes-nous aujourd'hui?

Nous sommes le 18 janvier.
On est le 9 février.
le 1er mars.
le 22 avril.

Vergleicht die Beispielsätze. Ein Datum bildet eine Ausnahme. Welches? Wie ist das im Deutschen?

C Noël

Quand est-ce que le magasin est ouvert avant Noël? Et en Autriche, quand est-ce que les magasins sont ouverts en décembre?

Vivent les vacances!

Elles sont quand cette année? Regardez le calendrier!

- les vacances de Noël
- les vacances de février
- les vacances de Pâques
- les grandes vacances

---

2 Journal intime

Lisez le journal de Sylvie.

le 22 avril
Aujourd'hui c'est mon anniversaire. Enfin 16 ans – et en plus mon scooter à moi! Plus de bus à 7 heures du matin! Avec la mobylette je mets seulement 20 minutes pour arriver à l'école, trop bien! Et ce soir – la fête. J'espère que Cédric vient. Il est tellement ... tellement ...
Manon vient à 4 heures pour tout préparer. Et il y a Sébastien qui fait des cocktails de fruits exotiques. Parfois c'est bien d'avoir un grand frère. Le soir, ma mère prépare des pizzas pour tout le monde. Eric fait le DJ et on va danser jusqu'à 3 heures du matin. Demain il y a pas cours. Manon et Aurélie restent dormir ici. C'est trop cool!

Qui fait quoi? Répondez en phrases complètes.

venir peut-être Cédric vient peut-être.
faire le DJ
préparer des pizzas
faire des cocktails de fruits exotiques
aider Sylvie à tout préparer
danser jusqu'à 3 heures du matin
rester dormir

---

3 Une invitation

Je t'invite à fêter mon anniversaire.

Quand? le 22 avril à 19 heures
Où? 34 rue du Parc
Tél. 05 28 66 40 21

A Qu'est-ce que c'est?

Ajoutez le mot correct.

un CD

....

....

....

....

....

....

....

....

....

....

....

....

....

un t-shirt
une montre
un DVD
un gâteau
des fleurs
un jeu video
un stylo
une bande dessinée
une écharpe
une peluche
une souris
une bague
une tasse

Qu'est-ce que tu offres à ton ami/e? A ta grand-mère? A ....?

B Dans la cour de récré

(57)

Ecoutez et notez les cadeaux .

Ecoutez encore une ou deux fois, puis terminez les phrases.

- La fête de Stéphanie est ....
- Juliette ne peut pas venir, parce que ....
- Carmen offre .... à Stéphanie.
- Inès lui apporte ....
- Alexis lui ....

Was könnte ***lui*** hier heißen?

C Qu'est-ce qu'ils apportent / offrent à Marie-Lou?

A travaille avec le livre, ***B*** avec le livre d'exercice (p. 56).

Noah	DVD
Clara	écharpe
Valentin	gâteau
Marine	BD
Elisa	montre
Nadia	peluche
Lucas	fleurs
Olivier	souris

A: Qu'est-ce que Noah apporte à Marie-Lou?
B: Il lui offre une montre.

D Qu'est-ce qu'on achète aux parents?

Ecoutez et corrigez les phrases.

- Noël c'est dans trois semaines.
- Les enfants donnent de l'argent aux parents.
- Papa aime beaucoup les chiens.
- Alexandre veut leur offrir un chat.
- Ils leur achètent une lampe pour le salon.
- Les parents n'aiment pas la montagne.
- Les enfants leur offrent une semaine à la mer.

leur ist die Mehrzahl von ……… und bedeutet ………

E Ecoutez et cochez.

	lui	leur
1.	✗	
2.		
3.		
4.		
5.		
6.		
7.		
8.		

4

Quelle fête!

A Qu'est-ce qu'ils font? Choisissez dans la case.

Gefallen ausdrücken **vorschlagen** **einen Vorschlag annehmen** **ablehnen** **jemandem etwas wünschen** **einladen** **sich bedanken**

Je te souhaite bon anniversaire.	*wünschen*
Ça me plaît.	*Gefallen ausdrücken*
Vous venez à ma fête?	....
Désolé, ce n'est pas possible.	....
J'aime beaucoup ton écharpe!	....
Elle est jolie, la tasse.	....
Tu veux boire quelque chose?	....
Volontiers.	....
Joyeux anniversaire!	....
Pas mal, ce cadeau.	....
Bonne idée!	....
Tu danses avec moi?	....
Merci pour l'invitation.	....
On mange le gâteau?	....
Oui, je viens à ta fête.	....
Non, je suis trop fatiguée.	....

Wie lädt man jemanden ein?
Wie wünscht man jemandem alles Gute zum Geburtstag?
Wie bedankt man sich für eine Einladung?

60 **B** Ecoutez et commentez.

Ça lui plaît.
Elle lui souhaite ...
Elle lui apporte ...

5

Un quiz pour les forts en histoire

14 juillet 1789		21 octobre 1945
2 décembre 1804	1er août 1914	25 décembre 800
9 novembre 1989	1er janvier 2002	20 juillet 1969
3 août 1492		27 janvier 1926

Choisissez la date correcte dans la case.
(Regardez dans le dictionnaire, si nécessaire.)

- Le .... Christophe Colomb débarque en Amérique.
- Le .... les femmes françaises votent pour la 1ère fois.
- Le .... le peuple de Paris prend la Bastille.
- Le .... le premier homme marche sur la lune.
- Le .... Napoléon devient Empereur de la France.
- Le .... la télévision est née.
- Le .... le pape couronne Charlemagne à Rome.
- Le .... l'Euro devient notre nouvelle monnaie.
- Le .... la première guerre mondiale éclate.
- Le .... le mur de Berlin tombe.

61

Ecoutez et comparez avec vos réponses.

10–8 points: très bien
7–5 points: bien
4–2 points: passable
1–0 point: insuffisant

Textes oraux

3B Dans la cour de récré
Inès: Tu viens à la fête de Stéphanie?
Juliette: C'est quand?
Inès: Samedi prochain, c'est le 22.
Juliette: C'est dommage! Je ne peux pas venir, je dois aller chez tante Mathilde avec mes parents.

Alexis: Quel dommage!
Juliette: Tu as raison, mais je n'ai pas le choix.
Inès à Carmen: Qu'est-ce que tu offres à Stéphanie?
Carmen: Je lui apporte un DVD.
Inès: Bonne idée! Moi, je ne sais pas, une écharpe peut-être?
Carmen: Pourquoi pas? Et tu lui apportes un gâteau?
Inès: Bien sûr, mon célèbre gâteau au chocolat.
Alexis: Hm … Moi, je lui offre des fleurs.
Carmen: Que tu es romantique!
Alexis: C'est une blague. Je lui achète un stylo.

3D Qu'est-ce qu'on achète aux parents?
Alexandre: Dans deux semaines c'est Noël. Qu'est-ce qu'on achète aux parents?
Brigitte: On leur donne un bon d'achat pour les Galeries Lafayette.
Coralie: C'est nul. C'est comme leur donner de l'argent.
Brigitte: On pourrait leur acheter un chien.
Alexandre: Ça ne va pas? Papa est allergique aux chiens.
Brigitte: Un chat alors.
Alexandre: C'est toi qui veux un chat, pas eux!
Coralie: Une nouvelle lampe pour le salon peut-être?
Alexandre: Non, c'est trop cher et puis si elle ne leur plaît pas …
Brigitte: Je sais, on leur offre un week-end à la montagne.
Coralie: C'est une excellente idée. Ils adorent ça.

3E
1. J'offre un CD à Christophe.
2. Tu apportes un gâteau à tes amis?
3. Il achète un t-shirt à Yvette.
4. Ce cadeau ne plaît pas aux parents.
5. Tu offres un café à tes copains?
6. Vous souhaitez bon anniversaire à Claudine?
7. Cette écharpe plaît beaucoup à Isabelle.
8. Il apporte des croissants à M. et Mme Fanon.

4B
Et ça, c'est un gâteau au chocolat pour toi!
Bon anniversaire, Claudine!
Voilà ton cadeau. Qu'est-ce que c'est? Ouvre-le .
Il est super, ce CD!
Voilà ton nouveau t-shirt.
Oh, des roses jaunes! Merci, j'adore!
Bonnes vacances, amuse-toi bien!
Joyeux Noël et bonne année!
Ton DVD, il est génial!
C'est pour moi, la peluche?

Ça fonctionne comment?

offrir*	**acheter**	
j'offre	j'achète	
tu offres	tu achètes	
il / elle offre	il / elle achète	Attention à l'accent!
nous offrons	nous achetons	
vous offrez	vous achetez	
ils / elles offrent	ils / elles achètent	**ouvrir* wird genauso abgewandelt.

Le pronom personnel objet indirect (3. Fall)

Elle offre une écharpe **à Stéphanie.**	Elle **lui** offre une écharpe. Elle **lui** apporte un gâteau. Je **ne lui** achète **pas** de fleurs.
Tu achètes un pull à Christian?	Oui, je **lui** achète un pull. On **lui** offre un gâteau. Elle **ne lui** souhaite **pas** bon anniversaire.
LUI = *ihm, ihr*	
Ils offrent une lampe **aux** parents. LEUR = *ihnen*	Ils **leur** offrent une lampe.

lui und *leur* ersetzen *à (+ article)* + Person und stehen unmittelbar vor dem Verb, auch in der Verneinung.

Le pronom personnel (1. und 2. Person)

Ça **me** plaît, le t-shirt. Elle ne **me** regarde pas. Il **m'**invite à sa fête.	me (m') – *mir / mich*
Je **te** souhaite un bon anniversaire. Elle ne **te** connaît pas. Elle **t'**apporte un gâteau.	te (t') – *dir / dich*
Maman **nous** prépare des pizzas.	nous – *uns*
Je **vous** invite à ma fête.	vous – *euch*

Wie *lui* und *leur* stehen auch diese Pronomen unmittelbar vor dem Verb.

Comment dit-on?

acheter apporter offrir inviter souhaiter montrer proposer dormir janvier février mars avril mai juin juillet août [ut] septembre octobre novembre décembre	un scooter une peluche une écharpe une montre un gâteau des fleurs une bague un bon d'achat un chien un chat un cadeau joli/e génial/e la mer la montagne	Bon anniversaire! C'est quand, ton anniversaire? samedi prochain Je suis né(e) en 1990. Mon anniversaire est le 20 septembre. Quel jour sommes-nous aujourd'hui? la fête — Joyeuse fête! Noël Tu as raison. Ça me plaît. Quel beau cadeau! C'est nul. volontiers seulement peut-être enfin une invitation — Je t'invite. tout le monde

A petits pas	Klar!	Noch unsicher
Ich kann jemandem zum Geburtstag gratulieren.		
Ich kann eine Einladung schreiben.		
Ich kann eine kurze Tagebucheintragung zum Thema Geburtstag verfassen.		
Ich kann die gebräuchlichsten Geschenkideen auflisten.		
Ich kann Geschenke kommentieren.		
Ich kann sagen, was ich jemandem schenke.		
Ich kann das Datum mit Tag und Monat angeben.		

unité douze

Le train-train quotidien

1

Tous les jours …

A

se lever

se brosser les dents

s'habiller

prendre le petit déjeuner

quitter la maison / sortir

rentrer

se reposer

travailler pour l'école
faire ses devoirs

se disputer

préparer le dîner

aller au lit

dormir

Qu'est-ce qu'ils font? Donnez-leur un nom.
Exemple: *Bernadette se lève à …*

B Rue St. Benoît lundi matin

Il est 7 heures et demie. Qu'est-ce qu'ils font?
Nummeriert die Zeichnungen nach der Reihenfolge der Sätze.

1 Monsieur Patas sort son chien.
2 Serge prépare le petit déjeuner.
3 Marc quitte la maison.
4 Sophie et Jean-Luc se disputent.
5 Christophe se lève.
6 Sophie fait sa toilette.
7 Sa mère s'habille.
8 Ses parents prennent leur petit déjeuner.
9 Sylvie Forlani est encore au lit.

Et toi, qu'est-ce que tu fais le matin?

C Rue St. Benoît, jeudi soir

62

Il est 7h30. Marc consulte ses méls.

Ecoutez et complétez.

Monsieur Bajera ....

Sa femme .... le dîner.

Serge joue à des jeux ....

Sa mère ....

Sylvie Forlani .... la cuisine.

Samy .... avec sa copine.

Monsieur Patas ....

Sophie et Jean-Luc .... aux cartes.

Christophe ....

Ses parents .... avec leurs voisins.

- Qui travaille?
- Qui s'amuse?
- Qui rentre?
- Qui fait la même chose (*dasselbe*) que le matin?

D Travail à deux

Posez ces questions à votre voisin/e. Après, changez de rôle.

- A quelle heure tu te lèves le lundi?
- Quels cours as-tu le mardi?
- Tu fais du sport le mercredi?
- As-tu beaucoup de devoirs le jeudi?
- As-tu français vendredi matin?
- Qu'est-ce que tu fais samedi après-midi?
- A quelle heure prends-tu ton petit déjeuner le dimanche?

Wie werden die Fragen gestellt? Lest anschließend auf S. 109 nach.

E Qu'est-ce qu'il dit?

Au revoir! Bonjour! Salut. Bonne nuit. Bonsoir.

Bonjour!

Benjamin se lève.

Il quitte la maison.

Il arrive à l'école.

Ses parents rentrent à 7 heures.

Il va dormir.

2

Au camp sportif

A Écoutez et ajoutez l'heure.

A Ecoutez et ajoutez l'heure.

tennis: ......3 heuers............ planche à voile (Wind surfen): ...3½ et demie (heures)...
pétanque (Boccia): ...3 heures et quart... volley-ball: ...4 heures et demie...

B Regardez maintenant p. 108 et écoutez encore une fois.

Soulignez les adjectifs possessifs *(besitzanzeigende Fürwörter).*
Traduisez-les en allemand.
Faites une grille avec toutes les formes que vous connaissez.

C Travail à deux

Faites 10 phrases.

Les joueurs	apportent	LEURS	affaires.
Le moniteur	attend	SON	joueurs.
L'entraîneur	attendent	SES	raquette.
Patrick	prend	LEUR	bateau.
Les sportifs	prennent	SA	boules.

D L'amour change tout!

Marie habite seule.

Elle a son appartement.

.... meubles
.... chat
.... balcon
.... fleurs

Roland habite seul.

Il a sa maison.

.... meubles
.... chiens
.... jardin
.... arbres

Marie et Roland se rencontrent, tombent amoureux et se marient.

Ils ont: leur maison
...... meubles
...... chat
...... chiens
...... jardin
...... fleurs
...... arbres

Ajoutez l'adjectif possessif.

3

Faire sa toilette

A

la tête	le corps
les cheveux	le bras
les yeux	la main
le nez	la jambe
la bouche	le pied
les dents	la poitrine
les oreilles	le dos
la barbe	le ventre

B Exercice à la chaîne

je me brosse les dents; tu te ....; il ....; elle .... nous ....; vous ....; ils ....; elles ....

Continuez avec les verbes suivants :

> se laver - se disputer - s'habiller - se lever -
> se reposer - se maquiller - se brosser les cheveux -
> se raser - se lever - s'amuser

4

Mon appartement

A

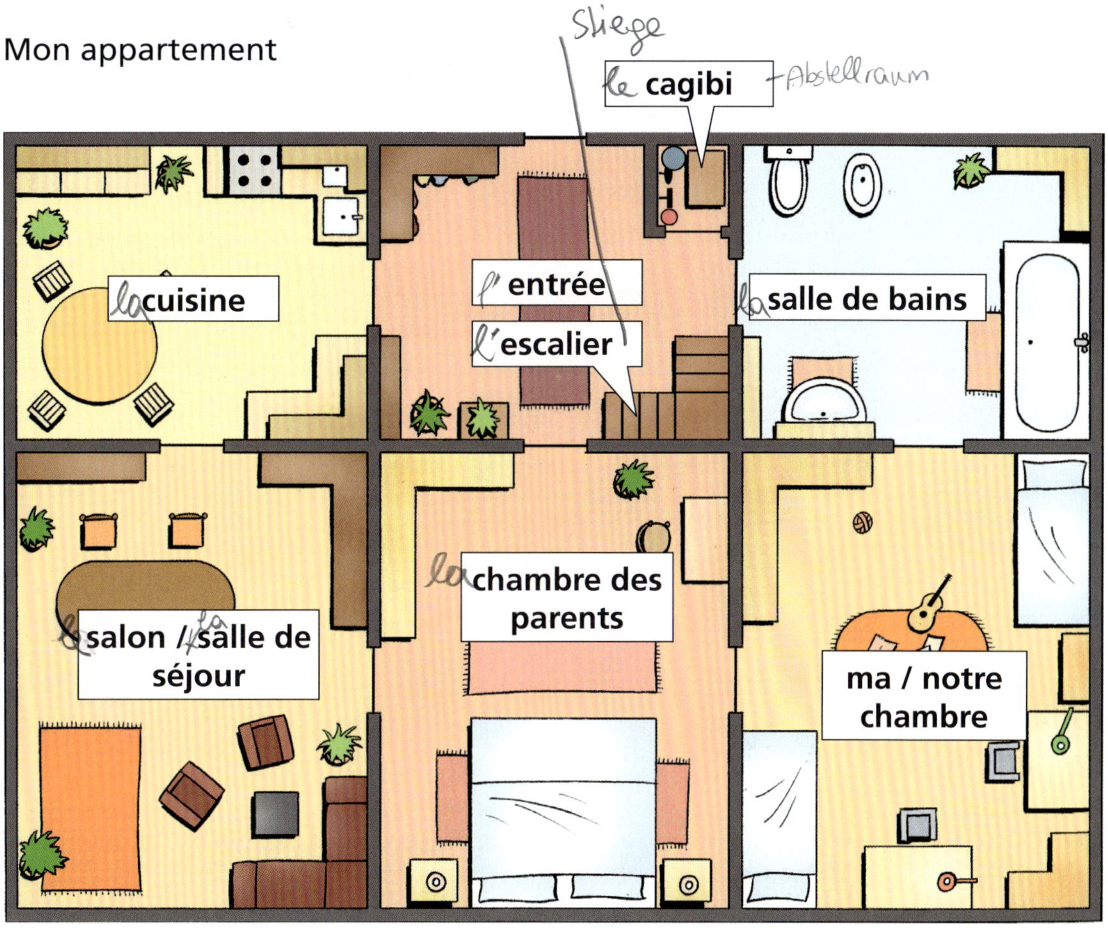

Qu'est-ce que tu fais, et où? Fais des phrases complètes.

Je prends une douche dans la salle de bains.

Quoi?	Où?
prendre une douche	
faire mes devoirs	
regarder la télé	
jouer aux cartes	salon / salle de séjour
prendre un bain	cuisine
enlever ma veste	ma chambre
faire la vaisselle	salle de bains
manger	entrée
écouter un CD	
dormir	
faire ma toilette	

Apprendre par cœur ♥

L'ascenseur
Il monte et descend
Dans sa cage,
Mais ce n'est pas un oiseau.
Il prend des gens
Au passage,
Mais ce n'est pas le métro.
Il voyage
Dans les étages,
Ça ne l'ennuie pas du tout.
Il monte et descend
Dans sa cage,
C'est l'ascenseur, voilà tout! *C. Albaut*

Tu sais ce que c'est, un ascenseur?

B Travail à deux

A travaille avec le livre.
B travaille avec le livre d'exercices (p. 60).

Demandez à votre partenaire quels meubles il y a encore dans les pièces. Epelez *(buchstabiert)* si nécessaire. (Voir l'alphabet p. 7.)

Dans l'entrée, il y a un miroir. Qu'est-ce qu'il y a encore?

APPARTEMENT

l'entrée	un miroir, ...
la salle de bains	un lavabo, ...
le cagibi	une étagère, ...
le salon	un fauteuil, ...
la cave	des étagères, ...
la cuisine	un placard, ...
la chambre	un lit, ...

5 A Tes affaires traînent partout!

64

Ecoutez et trouvez les pairs.

armoire	pulls
étagère	livres
bureau	baskets
entrée	pantalons
	cahiers

Regardez le dessin. Où sont ses affaires?

- Par terre, il y a des bottes, …
- Sur le lit, il y a …
- Sur le bureau …
- Sur la table de nuit …
- Dans l'armoire …
- Sur l'étagère …

Ecoutez encore deux ou trois fois.
Où est-ce qu'elle met ses affaires? Elle met les pulls …

B Travail à deux

A donne des ordres:
Ecoute, tu ne peux pas …
ranger, fermer, ouvrir, faire, lire, écrire, prendre
Mets ton sac dans …, tes livres sur …, tes baskets …

B réagit: Bon d'accord, tout de suite, oui, mais …

Textes oraux

1C Rue St. Benoît jeudi soir

Monsieur Bajera regarde la télé.
Sa femme prépare le dîner.
Serge joue à des jeux vidéo.
Sa mère rentre.
Sylvie Forlani fait la cuisine.
Samy se dispute avec sa copine.
Monsieur Patas sort son chien.
Sophie et Jean-Luc jouent aux cartes.
Christophe fait ses devoirs.
Ses parents prennent un café avec leurs voisins.

2A Au camp sportif

Alors … tennis à 3 heures. Apportez vos raquettes et n'oubliez pas vos cartes d'inscription.
Planche à voile: votre moniteur vous attend en bas à 3 heures et demie.
Pétanque à 3 heures et quart derrière le bâtiment. Vous apportez vos boules bien sûr.
…
Et le match de volley est à quelle heure?
A 4 heures et demie.
Mais une partie de notre équipe arrive seulement à 5 heures et deux de nos joueurs sont blessés.
Ah bon … Alors vous devez parler à votre entraîneur.

Les sportifs prennent leurs affaires et quittent le bâtiment. Les joueurs de volley-ball attendent leur entraîneur, parce qu'ils ne savent pas quoi faire.

5A Tes affaires traînent partout!

Mère: Ecoute Sylvie, tu ne peux pas ranger ta chambre?
Sylvie: Oui, mais je n'ai pas de place. Ma chambre est trop petite!
Mère: Elle est assez grande quand tout est à sa place! Range les pulls et les pantalons dans l'armoire. Les baskets dehors, dans l'entrée. Mets tes livres sur l'étagère et les cahiers sur le bureau.
Sylvie: Mais après je ne trouve plus rien!

Ça fonctionne comment?

Verbes pronominaux *(rückbezügliche Verben)*

se lever

je me lève
tu te lèves
il / elle se lève
nous nous levons
vous vous levez
ils / elles se lèvent

s'habiller

je m'habille
tu t'habilles
il / elle s'habille
nous nous habillons
vous vous habillez
ils / elles s'habillent

Les jours de la semaine

Aujourd'hui, c'est **lundi**.
J'ai mon anniversaire **samedi.** *(am Samstag)*
Vor dem Wochentag steht keine Präposition.
Le mardi on a géo à 8 heures. *(jeden Dienstag, immer am Dienstag)*

L'adjectif possessif (suite de la p. 31)

notre jardin
votre maison
leur appartement

2 oder mehrere Personen haben eine Sache.

nos meubles
vos livres
leurs cassettes

2 oder mehrere Personen haben mehrere Dinge.

Hier wird nur zwischen Einzahl und Mehrzahl unterschieden.
Die Formen für *m.* und *f.* sind gleich.

Comment poser des questions? (suite de la p. 49)

➔ l'inversion

As-tu cours samedi matin?
Peux-tu ranger ta chambre?
Quelle heure est-il?

Où es-tu?
A-t-elle un frère?
A-t-il un chien?

Bei dieser Art der Fragestellung werden Subjekt und Prädikat vertauscht und durch einen Bindestrich miteinander verbunden. Das Fragewort steht am Beginn des Satzes.
Achtung! *Je peux* wird zu ***Puis-je ...?***

Comment dit-on?

se lever
faire sa toilette / se laver
se brosser les dents
prendre une douche
prendre le petit déjeuner
s'habiller
quitter la maison
sortir # rentrer
consulter les méls (mails)
faire la cuisine
préparer le dîner
travailler pour l'école
faire ses devoirs
se reposer
ranger (sa chambre)
sortir le chien
aller dormir / aller au lit
se disputer
s'amuser

les baskets f.pl.
le pantalon

la tête

les cheveux m.
les yeux m.
le nez
la bouche
les dents f.
les oreilles f.
la barbe

le corps

le bras
la main
la jambe
le pied
la poitrine
le dos
le ventre

l'entrée f.
le salon
la cuisine
la chambre
la salle de bains
le cagibi
l'ascenseur m.
la cave
le jardin
l'escalier m.

le miroir
le porte-manteau
le lavabo
la baignoire
le tapis
l'étagère f.
le fauteuil
le canapé
le lit
l'armoire f.
la table de nuit

mardi matin
mercredi après-midi
jeudi soir
Bonsoir.
Bonne nuit.

A petits pas	Klar!	Noch unsicher
Ich kann von alltäglichen Handlungen bei mir zu Hause erzählen.		
Ich kann meinen Tagesablauf schildern.		
Ich kann sagen, wo in meiner Wohnung etwas ist.		
Ich kann auf „Ordnungsrufe" reagieren.		

MENTEUR de Patrick Cauvin

A 17 ans Antoine Berthier n'a toujours pas de petite amie. Sa mère ne veut pas le croire. Alors, Antoine décide d'inventer Germaine pour faire plaisir à sa mère.

- Au fait, qu'est-ce qu'elle fait Germaine? - *Lycéenne.*

Tac. Du tac au tac. Pas une seconde d'hésitation. **Mentir est un don.** Attention, ça va aller vite maintenant.

- Et comment elle s'appelle? - *Dutilleul.*
- Et ses parents? - *Père P.T.T., mère sans emploi.*
- Frères et sœurs? - *Un petit frère, Vincent, quatre ans et demi.*
- Profession future? - *Pharmacienne.*
- Sport préféré? - *Volley-ball.*
- Vous vous êtes rencontrés où? - *Bal.*
- Tu n'y vas jamais. - *Si, une fois.*
- Blonde ou brune? - *Châtain.*
- Depuis combien de temps vous fréquentez-vous? - *Six mois dix-sept jours.*
- Elle est grande? - *Un mètre soixante-huit.*
- Tu devrais l'inviter un dimanche pour déjeuner, hein, Adrien?
- *Entièrement d'accord.*
- On aimerait bien la connaître.

Et moi donc.

a. Faites le portrait de Germaine.

b. Dans ce texte, il y a quelques questions très courtes sans verbe.
Pouvez-vous les compléter?

Et ses parents? → Et ses parents, qu'est-ce qu'ils font?
Frères et sœurs? → A-t-elle des frères et des sœurs?

c. La mère d'Antoine invite Germaine à déjeuner.
Comme elle n'existe pas, Antoine doit lui trouver des excuses. Aidez-le!

Elle ne peut pas venir, parce que ...

Voici quelques idées:
- malade
- excursion avec ses parents
- anniversaire de son frère
- beaucoup de devoirs

d. Pouvez-vous expliquer ces deux phrases dans le contexte? (en allemand)

Mentir est un don. Et moi donc.

Correspondances

1

Courriel

A Lisez cette correspondance et rétablissez l'ordre correct.

1

Salut Xavier!

On ne se connaît pas, mais ma mère m'a donné ton adresse mail. Sa cousine est une amie de ta mère. Comme j'apprends le français depuis 3 ans, j'aimerais avoir quelqu'un à qui écrire de temps en temps. Cet été, je vais aller en France et je veux m'entraîner un peu. Je suis en sixième (c'est la seconde en France, je pense) et je vais avoir 16 ans dans deux mois. Toi aussi, tu vas au lycée? Tu es en quelle classe? Qu'est-ce que tu aimes faire? Moi, je suis assez sportive et j'aime la musique et apprendre les langues. Et je joue dans une troupe de théâtre. C'est très marrant quelquefois. J'habite à Gmunden, une petite ville dans le centre de l'Autriche. Le paysage est très beau ici. Il y a un grand lac et des montagnes. C'est certainement très différent de Strasbourg.

Réponds-moi Sarah

Chère Sarah,

Moi, je serais très content de t'inviter à Arcachon, mais malheureusement ce n'est pas possible. Notre maison est vraiment trop petite.
Je comprends que la mer t'intéresse et faire de la planche à voile ensemble serait super. C'est dommage. Mais je suis sûr que Strasbourg va te plaire. C'est une ville très agréable avec ses canaux et ses maisons à colombages. Et en juillet, il y a le festival de jazz. En plus, il y a mes copains. Tu vas voir, ils sont super sympas et on va bien s'amuser.
J'espère que tu n'es pas trop déçue et que tu vas venir à Strasbourg.

A+ Xavier

Salut Xavier!

Merci pour ton courriel. Gmunden n'est pas comme Strasbourg, c'est plutôt petit, mais j'y ai beaucoup de copines et comme ça, je ne m'ennuie jamais. En plus, je fais souvent de la planche à voile sur le lac. Voilà une chose qu'on a en commun. J'ajoute une photo de moi au bord du lac.
En hiver, quand il neige, nous allons à la montagne pour faire du ski, mais moi, je n'aime pas tellement ça. Il fait trop froid.
Arcachon « klingt gut ». Comment dit-on en français?? Faire de la planche à voile sur la mer doit être formidable. Il y a beaucoup de vent? C'est dangereux? Tu peux m'envoyer des photos?

A bientôt, Sarah

Chère Sarah,

C'est bien d'avoir une correspondante en Autriche. Moi, j'adore faire du ski. Toi aussi, tu fais du ski? J'apprends l'allemand à l'école, mais je préfère écrire en français. Je vais dans un lycée professionnel ici à Strasbourg. L'an prochain, je vais passer mon bac.
Qu'est-ce que tu fais comme sport? Tu fais de la planche à voile, du tennis …? Où tu veux aller en France pendant tes vacances? Il y a beaucoup d'endroits intéressants. Mes parents et moi, on va passer nos vacances près d'Arcachon comme tous les ans. On a une petite maison. C'est pas mal, parce que j'aime beaucoup la planche à voile et que la maison n'est pas loin de la mer, mais quelquefois c'est un peu trop calme car on habite dans un tout petit village et il y a toujours les mêmes gens. Les vieux jouent à la pétanque sur la place du village, c'est sympa, mais tous mes copains sont à Strasbourg. Et Gmunden, c'est comment? Qu'est-ce qu'on peut y faire?

A+ Xavier

Salut Xavier!

L'idée d'aller à Strasbourg me plaît beaucoup. C'est certainement une ville très intéressante. Mais comme il n'y a pas la mer en Autriche, Arcachon serait encore plus intéressante pour moi. Je peux venir à Arcachon au lieu de Strasbourg? On pourrait y faire de la planche à voile ensemble.

Réponds-moi Sarah

Chère Sarah,

En ce moment je n'ai pas de photos d'Arcachon, mais voici quelques photos de Strasbourg et ses environs. C'est une ville qui bouge, il y a des tas de choses à faire et la région est belle. Est-ce que tu pourrais venir? Ça serait *(wäre)* super! On est à Strasbourg tout le mois de juillet.
Je vais demander à mes parents. Je suis sûr qu'ils vont être d'accord. Nous avons assez de place dans notre appartement.
Réponds-moi vite!

A+ Xavier

PS: Pour répondre à ta question, je pense que tu veux dire: Arcachon a l'air bien.

B Qui va faire quoi?

	Sarah	Xavier
Je vais aller en France cet été.		
Je vais passer mon bac l'an prochain.		
Je vais passer mes vacances près d' Arcachon.		
Je vais être à Strasbourg tout le mois de juillet.		
Je vais demander à mes parents si tu peux venir.		
Je vais m'amuser à Strasbourg.		

Alle diese Sätze verweisen auf die ....
Diese Zeit bildet man mit der entsprechenden Form von ....
und dem ....

C Qu'est-ce que tu vas faire

- demain matin
- mercredi après-midi
- samedi soir
- dimanche après-midi
- pendant les prochaines vacances

?

D Relisez les courriels dans le bon ordre, puis faites le portrait de Sarah. Inventez!

E Ecris un courriel à un/e correspondant/e français/e.

```
Cher / chère ...................., / Salut
......................,

J'ai ton adresse de mon prof de français.
Tu veux être mon / ma correspondant/e?
Je m'appelle .......................
```

65 **F** Ecoutez et cochez ce que vous entendez.

tu pourrais venir	je ne peux pas venir	
tu pourrais aller	tu ne peux pas venir	tu pourrais faire
je pourrais faire	je pourrais venir	tu ne veux pas venir

Ecoutez encore une fois.
Qu'est-ce qu'ils font? (plusieurs réponses possibles)

décrire, inviter, proposer, remercier, refuser, regretter

1. inviter, proposer	5. décrire
2.	6. ....
3.	7. ....
4.	8. ....

2

Strasbourg

A

Strasbourg n'est pas seulement la capitale de l'Alsace, c'est aussi la capitale de l'Europe, car on y trouve le Parlement européen. Le centre-ville avec ses canaux et ses maisons à colombages *(Fachwerkhäuser)* attire beaucoup de touristes. Sa célèbre cathédrale fait partie du patrimoine mondial *(Weltkulturerbe)* de l'UNESCO. Les spécialités de l'Alsace sont la choucroute et la tarte flambée, une sorte de pizza avec du lard, des oignons et de la crème.
Cette région est aussi connue pour son vin.
Les collines avec leurs vignobles sont typiques du paysage alsacien.

B Ecrivez un petit texte sur votre ville / région.

3

Quel temps fait-il?

A

Il fait froid.

Il y a du vent.

Il y a du soleil.

Il fait beau et chaud.

Il pleut.

Il neige.

B On est en quelle saison? On est en automne

en été • en automne • en hiver • au printemps

On est en quelle saison?
Quel temps fait-il aujourd'hui?

Quel temps fait-il souvent
- en été
- en automne
- en hiver
- au printemps?

Qu'est-ce que tu fais souvent / parfois en été / en hiver?

4

Qu'est-ce qu'on y fait?

66 **A** Tu vas où cet été?

Lisez ce résumé du dialogue. Il y a 5 fautes. Ecoutez plusieurs fois et trouvez-les.

Résumé:
Claire va passer 2 semaines en Bretagne avec sa mère. Elle ne s'y ennuie pas, parce qu'elle y a des cousins et des cousines. Ils vont à la plage et font du sport. Le soir elle va parfois en boîte. Sandra pense que ce sont des vacances super.

B On y va pour quoi faire?

Travail à deux

Tu vas à la montagne pour aller au théâtre?

Non, j'y vais pour faire du ski.

Choisissez dans les deux cases et formez des phrases.

à la montagne — à la plage — au bord d'un lac
dans une grande ville — dans un petit village

faire du ski — nager / faire de la natation — aller au théâtre
faire des randonnées* — aller en boîte* — faire du shopping
faire des promenades — faire de l'équitation
jouer à la pétanque* — faire de la planche à voile — faire du vélo

* randonnée: *Wanderung;* boîte: *Disco;* pétanque: *Boccia*

5 Cartes postales*

Chers collègues,
On est à l'hôtel Beau-Rivage. Il fait très beau. On va à la plage. Je joue à la pétanque. Hélas, ça se termine mardi!
Roland.

Chers parents!
On est à l'hôtel Unterwald. Il fait beau. On mange bien. Je fais des excursions. On revient dimanche en 8.
Pierre.

Cher Papa
On est à l'hôtel Zircone. Il fait très chaud. Qu'est-ce qu'on mange bien! J'ai un coup de soleil.
Bisous
Michel

Chers grand-parents
On est à l'Albergo della Francesca. Farniente et musées. Sensas! Je prends beaucoup de photos.
Mille pensées
Yvonne

Chère Sybille
Je suis au Continental. Impeccable! Il fait très chaud. Tennis, cheval, golf et casino. Baisers
René

Chère Maman,
Nous sommes au Bellevue. On reste longtemps sur la plage. Je fais beaucoup de volley. On revient le 20.
Sylvie

Chère Caroline,
On est à l'Adriatica. Il fait beau. On mange très bien. J'ai un coup de soleil. On sera à Paris lundi.
Patricia

A Qui écrit à qui?

Michel écrit à son père
Roland ...

B Répondez aux questions.

- Qui a un coup de soleil?
- Qui mange bien?
- Quel temps fait-il?
- Qui fait quoi?
- Qui revient quand?
- Qu'est-ce que les gens écrivent à la fin?

* *d'après Georges Perec: l'infra-ordinaire*

Textes oraux

1F Qu'est-ce qu'ils font?

1. Tu pourrais venir chez nous à Strasbourg?
2. C'est au bord d'un lac et les montagnes sont tout près.
3. C'est dommage, mais tu ne peux pas venir ici. Notre maison est trop petite.
4. Merci pour ton courriel.
5. C'est un petit village au bord de la mer. Au centre il y une grande place où les vieux jouent à la pétanque.
6. Malheureusement je ne peux pas venir au mois d'août.
7. C'est une ville agréable. Ça bouge et il y a beaucoup de choses intéressantes à faire.
8. Tu pourrais faire de la planche à voile avec moi.

4A Tu vas où cet été?

Sandra: Tu vas où cet été, Claire?
Claire: En Bretagne, je vais passer 3 semaines chez ma grand-mère.
Sandra: Quelle poisse! Qu'est-ce que tu vas faire tout le temps?
Claire: Je ne m'ennuie jamais. J'y ai beaucoup de copains. On va à la plage, on fait du volley et on joue à la pétanque. Je fais aussi de l'équitation.
Sandra: Et le soir? Tu sors le soir?
Claire: Parfois. Quand il y a un bal, on y va. C'est marrant.
Sandra: Vraiment? Moi, je préfère aller en boîte. Il y a une boîte dans ton bled?
Claire: Oui, mais je n'y vais jamais. Ce n'est pas sympa.

Comment dit-on?

la capitale
le paysage
le lac
la colline
la plage
la ville
le village
les environs
le canal / les canaux
à la campagne
au bord de la mer

On est en quelle saison?
au printemps
en été
en automne
en hiver

s'entraîner
s'ennuyer
nager / faire de la natation
faire des randonnées
faire de l'équitation
avoir un coup de soleil
envoyer des cartes postales
écrire un courriel

l'an prochain
depuis (3 ans)
de temps en temps

déçu/e
dangereux/-se
célèbre
content/e

j'aimerais avoir
j'espère que
avoir qc. en commun
passer le bac
malheureusement
réponds-moi

Quel temps fait-il?
il fait beau
il fait chaud / froid
il y a du soleil
il y a du vent
il pleut
il neige

Ça fonctionne comment?

écrire	**espérer**	
j'écris	j'espère	
tu écris	tu espères	
il / elle écrit	il / elle espère	Attention à l'accent!
nous écrivons	nous espérons	
vous écrivez	vous espérez	
ils / elles écrivent	ils / elles espèrent	

Le futur composé – die entsprechende Person von *aller* + Nennform

Nous **allons passer** nos vacances en France.
Je **vais aller** en Alsace en été.
Tu **vas aimer** la ville.
Elle **ne va pas aller** à Arcachon.
Je **ne vais pas faire** de ski.

Das ist eine Möglichkeit, die Zukunft auszudrücken.

L'adjectif indéfini

tout	m.sg.	Nous sommes ici **tout** le mois de juillet.
toute	f.sg.	**Toute** la classe connaît la réponse.
tous	m.pl.	**Tous** mes copains sont à Strasbourg.
toutes	f.pl.	Elle sort avec **toutes** ses copines.

Nach dem *adjectif indéfini* steht der bestimmte Artikel, ein *adjectif possessif* oder ein *adjectif démonstratif.*

A petits pas	Klar!	Noch unsicher
Ich kann per E-Mail Kontakt aufnehmen.		
Ich kann Informationen zu einer Gegend / Stadt geben.		
Ich kann sagen, zu welcher Jahreszeit ich welchen Sport mache.		
Ich kann über Ferienpläne sprechen.		
Ich kann « übers Wetter » reden.		

Fringues / Que mettre?

1 Vêtements

Cherche les mots français pour:

Jacke, Haube, Baumwolle, Tasche, Leibchen / Top, Strumpfhose, Leder, Rock, Hose, Wolle

2 67 Tu es prête?

Ecoutez deux ou trois fois, puis répondez aux questions.

- Pourquoi Manon porte un pull et une jupe longue quand elle quitte la maison?
- Est-ce que ça plaît à Juliette?
- Que fait Manon dehors?
- Pourquoi Juliette n'a pas les mêmes problèmes?

Lisez maintenant le texte du dialogue p. 126–127 et cherchez les expressions correspondantes. Notez les.

Bist du fertig? *Ehrlich gesagt, das ist nicht mein Stil.*
Gehen wir? *Bist du verrückt? / Spinnst du?*
Gute Unterhaltung! *Ah, ich verstehe!*
Das ist etwas anderes.

Versucht den Dialog frei nachzuspielen. Verwendet dabei die eben angeführten Redewendungen.

---

3 Où est mon portable?

68 A

Ecoutez deux ou trois fois, puis terminez les phrases.

- Sandrine appelle Zoé parce qu'elle ....
- Zoé ne sait pas ....
- Elle est fâchée parce que ....
- Enfin elle trouve ....

B

Spielt einen ähnlichen Dialog. Verwendet die hervorgehobenen Satzteile *(textes oraux p. 127)* und erfindet den Rest.

4

Ça va ensemble?

69 **A** Regardez et écoutez. Barrez *(streicht)* ce qui est faux.

chemise à carreaux
mini jupe beige
casquette bleue

pantalon rouge
veste noire
cravate à rayures

robe bleue
foulard vert
ceinture grise

jeans bleu
bottes marron
shirt violet

écharpe blanche
chemise jaune
costume gris

manteau noir
gants verts
chaussures rouges

Comparez p. 127.

B **Ecrivez les couleurs dans la bonne case.** (masculin singulier)

Was heißt *kariert?*
Was heißt *gestreift?*

C Ce soir, je mets ...

Complétez.

- un manteau noir et une jupe ...
- un pantalon gris et une chemise ...
- un blouson marron et une casquette ...
- un jean bleu et des chaussures ...
- un gilet vert et une mini-jupe ...

D C'est en quoi?

Le pull est en laine.

L'écharpe est en soie.

Les pantalons sont en coton.

Les chaussures sont en cuir.

Ton jean, ton pull, ta veste, tes chaussures sont en quoi?

---

5 Ça te plaît?

A Aline et Mélanie font du shopping.

70

Regarde cette veste, elle n'est pas mal.

Oui, mais elle est trop large.

Ecoutez et cochez.

Vrai ou faux?	vrai	faux
Mélanie porte du 36.		
Elle essaie une veste.		
La veste lui va bien, mais elle est trop chère pour elle.		
Aline adore le rose.		
Elle achète une veste rose.		
Aline et Mélanie ont les mêmes goûts*.		
Aline essaie un jean.		
Le jean lui va très bien.		
Les deux amies achètent beaucoup de choses.		

**haben den gleichen Geschmack*

Lisez le dialogue p. 127 et cherchez les expressions correspondantes.

Sie ist zu eng / weit. *Sie passt dir gut.* *Welche Größe hast du?*
Rosa passt mir gar nicht. *Probier sie!* *Gefällt dir das?*

B Défilé de mode

Echangez vos (sur)vêtements (veste, écharpe, pull ...) et commentez.
Utilisez les expressions ci-dessus.

C Elle est belle, cette jupe!

Regarde cette veste! Et ce jean, tu n'aimes pas?

Vous prenez cet anorak? Non, il est trop cher.

Je peux essayer ces deux pulls?

Wieviele Formen des *adjectif démonstratif* gibt es in diesen Dialogen?
Versucht herauszufinden, wann man welche Form verwendet.

---

6 C'est qui?

A Descriptions

Ecoutez et soulignez les noms des personnes décrites.
Qu'est-ce qu'elles portent?
Comment sont les deux autres? Décrivez-les.

B Pour toute la classe

Devinette
Jeweils ein / e Schüler / in entscheidet sich für eine Person aus der Gruppe.
Die anderen stellen Fragen, um zu erraten, wer es ist. (Antworten ja / nein)
Anschließend wird gewechselt.

C'est une fille / un garçon? Elle / il est (plutôt) grand/e? etc.

C Portrait

Travail en petits groupes

Faites le portrait de cette fille.

- Elle s'appelle comment?
- Qu'est-ce qu'elle porte?
- Qu'est-ce qu'elle fait dans ce café?
- Elle attend quelqu'un / quelque chose?
- Qui? Quoi? Pourquoi?

7

Paroles magiques

la robe · elle met · blanche · me plaît
je mets · vert · la jupe · le pull
rouge · beaucoup · où est · souvent
avec · le débardeur · tu cherches

Textes oraux

2 Tu es prête?

Juliette: Salut Manon. Tu es prêtes?
Manon: Oui, on y va?
Juliette: C'est comme ça que tu sors???
Manon: Ben oui, ça ne te plaît pas?
Juliette: Bof, tu sais ... franchement … ce n'est pas mon style. Ce vieux pull et cette jupe ...
Manon: Au revoir papa!
Père: Au revoir Manon, amuse-toi bien.
Manon: Merci.
Dehors Manon enlève son pull et sa jupe.
Juliette: T'es dingue? Qu'est-ce que tu fais?
Manon: Je me déshabille. Regarde …
Juliette: Ah je vois, tu mets une jupe longue par dessus de la mini-jupe et le pull par dessus du débardeur.
Manon: Oui, mon père dit que je ne peux pas sortir comme ça. Il a des idées un peu rétro. Chez toi, c'est comment?

Juliette: Pour moi, c'est facile. Ma mère travaille au théâtre, alors elle n'est jamais là quand je quitte la maison.
Manon: Elle est actrice?
Juliette: Non, elle est maquilleuse.
Manon: Cool! Elle te maquille de temps en temps?
Juliette: Jamais. Elle dit que c'est autre chose.

3 Où est mon portable?
Sandrine: Zoéee!! Zoé: **Qu'est-ce qu'il y a?**
Sandrine: **Viens ici!** Zoé: **Un moment.**
Sandrine: **Viens là tout de suite!** Zoé: **J'arrive!**
Sandrine: **Où est** mon portable? Zoé: **Je n'en sais rien, moi.**
Sandrine: **Dans cette chambre on ne trouve jamais rien!**
Zoé: **Et c'est peut-être de ma faute? C'est toi qui ne ranges rien. Tes affaires traînent partout!**
Sandrine: Oui, maman.
Zoé: **Regarde-moi ça.** Tes pantalons, ta nouvelle veste, ton foulard et ton collant, tout ça **sur mon lit! Ah tiens, tu cherches quoi?**
Sandrine: Mon portable. Zoé: **Ben,** le **voilà,** sous ta veste.

4A Ça va ensemble?
chemise à carreaux, jean bleu, casquette bleue
pantalon rouge, veste noire, écharpe blanche
robe bleue, ceinture grise, chaussures rouges
mini jupe beige, bottes marron, shirt violet
chemise jaune, costume gris, cravate à rayures
manteau noir, gants verts, foulard vert

5 Ça te plaît?
Aline: Regarde cette veste, Mélanie, elle n'est pas mal.
Mélanie: Oui, mais elle est trop large.
Aline: Tu fais quelle taille? Mélanie: Je porte du 38.
Aline: Voici un 38. Essaie-la ... Elle te va bien!
Mélanie: Tu trouves? Elle est belle, mais c'est trop chic pour moi.
Aline: Et comment tu trouves cette veste rose?
Mélanie: Ah non, le rose ne me va pas du tout!
Aline: Cette couleur, moi j'adore! Regarde, elle me va?
Mélanie: Oui, un peu trop serrée peut-être?
Aline: Oui, tu as raison ...
Mélanie: Et ce jean, tu n'aimes pas?
Aline: Euh ... moi, je le trouve un peu trop voyant. A toi, ça te plaît?
Mélanie: Oui, moi, j'aime beaucoup.
Aline: Alors, essaie-le ... Il te va?
Mélanie: Non, il est trop long.
Aline: Tant pis.

6 C'est qui?

a. J'ai les cheveux courts et raides et les yeux gris. Je ne porte pas de lunettes. Je suis assez grand et pas du tout gros.

b. Mes cheveux sont longs et bruns. J'ai les yeux verts. Je porte des lunettes. Je suis plutôt petite et assez mince.

c. J'ai les cheveux noirs et frisés. J'ai les yeux noirs. Je ne porte pas de lunettes. Je suis très grand et plutôt mince.

d. Mes yeux sont verts et mes cheveux sont gris. Je ne porte pas de lunettes. Je suis petite, mais je ne suis pas grosse.

Comment dit-on?

un blouson	mettre (un pull)	Il a les cheveux longs / courts / raides / frisés.	
un manteau	porter (des lunettes)	Elle est blonde / brune / rousse.	
une veste	se déshabiller	Elle a les yeux verts.	
un gilet	enlever (sa veste)		
un jean	se maquiller	gros / grosse # mince	
un pantalon		roux / rousse	
une (mini-)jupe	la couleur		
une ceinture	beige	Tu es prêt/e?	
une robe	blanc / blanche	Comment tu trouves ...?	
un foulard	bleu/e	Ça (ne) me plaît (pas).	
un collant	gris/e	Ça te va (bien).	
une chemise	jaune	Tu fais quelle taille?	
un costume	rose	franchement	
une cravate	rouge	en coton	trop long/ue
une casquette	marron	en laine	large
des gants m.	noir/e	en cuir	serré/e
des chaussures f.	orange	en soie	
des lunettes f.	vert/e		
un bonnet	violet/te	Ce n'est pas de ma faute.	

A petits pas	**Klar!**	**Noch unsicher**
Ich kann das Äußere einer Person beschreiben.		
Ich kann einige Kleidungstücke näher beschreiben.		
Ich kann sagen, was ich anziehe und was mir gefällt.		
Ich kann jemanden zurechtweisen.		
Ich kann Vorwürfe von mir weisen.		

Ça fonctionne comment?

mettre	je mets	nous mettons
	tu mets	vous mettez
	il / elle met	ils / elles mettent

L'adjectif qualificatif
(suite de la p. 67)

masculin **féminin**

gleiche Form	gleiche Aussprache	unterschiedliche Aussprache
rouge marron	noir ➔ noir**e**	gris ➔ gris**e**
jaune mince	bleu ➔ bleu**e**	brun ➔ brun**e**
orange		vert ➔ vert**e**
		long ➔ long**ue**

Unregelmäßige Femininformen:
blanc ➔ blanc**he** gros ➔ gros**se** roux ➔ rous**se** violet ➔ violet**te**

In der Mehrzahl wird an beide Formen ein ***-s*** angehängt, außer wenn das Eigenschaftswort bereits in der Einzahl auf ***-s*** oder ***-x*** endet.

Elle a les cheveux blond**s.** Ce sont des robes blanche**s.**
Ils sont gros. Elles sont grosse**s.** Ils sont rou**x.**

Anders als im Deutschen steht das Adjektiv sehr oft **nach** dem Nomen.
(Bei Farben immer!) *Regardez aussi p. 165 (grammaire).*

Sonderformen

vieux	m.sg.	vieille	f.sg.
vieil	m.sg. vor Vokal und h	vieux	m.pl.
	un vieil anorak	vieilles	f.pl.

ebenso:	beau, bel	*un bel homme*
	nouveau, nouvel	*un nouvel ordinateur*

L'adjectif démonstratif

ce pull	m.sg.	cette veste	f.sg.
cet anorak	m.sg. *vor Vokal oder h*	ces gants / jupes	m.+f.pl.

Copains copines

1

Portraits

72 **A** Lisez et écoutez.

a. Roger est mon meilleur copain. Il est sportif et plus dynamique que moi. Quelquefois il est un peu crâneur, mais on s'entend très bien. Il est fort en français, mais nul en maths.

b. Carole est plus sérieuse que moi. Elle travaille beaucoup et elle a toujours les meilleures notes. Elle est un peu timide, c'est pourquoi elle ne parle pas beaucoup en classe. Quelquefois je la trouve égoïste, parce qu'elle ne me laisse pas copier ses devoirs.

c. Thomas est très gentil et il essaie toujours de comprendre les autres. Il a beaucoup de patience avec ses amis. Je l'aime bien, mais quelquefois il m'énerve, parce qu'il s'intéresse trop aux autres.

d. Yvette est ma meilleure copine. Elle est marrante et intelligente. Elle parle beaucoup. Elle est curieuse et s'intéresse à beaucoup de choses. Quelquefois on se dispute à cause des devoirs. Elle a de bonnes notes. En espagnol elle est plus faible que moi.

e. Benjamin est le plus fort en maths, c'est pourquoi il a beaucoup de travail avec moi. Il m'explique tous les problèmes *(hier: Mathematikbeispiel)*. Heureusement qu'il est très patient.

f. Sandrine est la meilleure en dessin. Elle a beaucoup d'imagination. En général, elle est très calme. Mais dans les discussions, elle est très engagée. En plus, elle est très sportive. Parfois elle dit que je suis trop marrante. Je pense qu'elle est un peu jalouse.

g. Roland est un peu naïf. Il rêve souvent et parfois les profs se mettent en colère, parce qu'il ne fait pas attention pendant les cours. Mais moi, je m'entends très bien avec lui. Il a plutôt de mauvaises notes, mais il est très fort en histoire.

h. Nathalie est vraiment marrante. Toute la classe l'aime bien. Elle raconte souvent des histoires extraordinaires. Pour moi, elle est parfois un peu trop crâneuse, mais en général, on s'entend bien.

A votre avis, qui est le copain / la copine de qui?

B Relisez les textes, puis faites une liste des adjectifs

masculin	féminin	m. + f.
sportif	sérieuse	dynamique

C Travail à deux

Ecoutez encore une fois sans regarder le texte, puis ajoutez les adjectifs qui manquent.

Roger est .... et ....
Il est .... en français, mais .... en maths.
Carole est .... Elle est un peu ....
Thomas est très .... et compréhensif.
Yvette est .... et .... Elle est aussi ....
Elle a des .... notes, mais elle est .... en espagnol.
Benjamin est .... en maths. En plus, il est très ....
Sandrine est la .... en dessin. En plus, elle est très ....
Roland est un peu .... Il a plutôt de .... notes, mais il est très .... en histoire.
Nathalie est vraiment ....

Combien d'adjectifs avez-vous trouvé? Comparez avec vos voisins.

D Et dans votre classe, c'est comment?

- Qui est le / la meilleur/e en maths / histoire / anglais?
- Qui est fort / forte en français / allemand / biologie?
- Qui est faible en physique / géo / gym?
- Qui a de bonnes notes en musique / dessin / informatique?

E Ils sont comment?

73

Ecoutez et notez.

a. La sœur de Marie est ..marrant......
b. Eric est ..calme..........
c. Sylvie pense que Manuel est ..égoïste.......
   Evelyne trouve qu'il est ..crâneur....... et ...beau.........
d. La nouvelle (élève) est ..timide.........
e. La fille pense que Grégoire n'est pas ...sympa.... Elle le trouve ...arrogant
   Sa copine trouve qu'il est ....

Lisez les phrases complètes.

Wie drückst du deine Meinung aus? → Je

F A la chaîne

J'aime bien ..., parce qu'il / elle est ...
Tu aimes bien ..., et moi, je m'entends bien avec ..., parce qu'il / elle est ...

G Faites le portrait d'un copain / d'une copine ou d'un membre de votre famille.

---

2 Qui est la plus belle?

A Contes de fées

Voici des extraits de deux contes. Vous les connaissez?

La reine demande à son miroir qui est la plus belle dans le royaume (Königreich). Le miroir lui répond toujours que c'est elle la plus belle du pays. Mais un jour, il lui dit que la fille du roi, sa belle-fille (Stieftochter) est encore plus belle. Comme elle est très jalouse, la reine dit à son serviteur (Diener) d'aller dans le bois et de tuer sa belle-fille.

Quand elle arrive à la fête, tout le monde la regarde, parce qu'elle est la plus belle de toutes. Le prince la voit et ne danse qu'avec elle. A la fin de la soirée il veut la raccompagner pour savoir où elle habite, mais la fille court plus vite que le prince et lui échappe. Le lendemain elle retourne à la fête et elle est encore plus belle. Le prince ne danse qu'avec elle, mais à la fin de la soirée elle est encore plus rapide que le prince et disparaît.

Ce sont quels contes?

Cendrillon · Le Petit Chaperon Rouge · Blanche-Neige · Raiponce · La Belle au Bois Dormant

Rapunzel • Schneewittchen • Aschenputtel • Dornröschen • Rotkäppchen

Relisez ces deux extraits. Comment peut-on comparer?
Markiert die entsprechenden Strukturen.

B Comparez

la reine – Blanche-Neige	méchant / beau
le loup – le Petit Chaperon Rouge	méchant / malin *(schlau)*
Cendrillon – ses deux sœurs	gentil / paresseux
Raiponce – la sorcière	triste / joli

Qui est plus gros / petit / fort / malin?

Obélix?
Astérix?
Idéfix?

74 C Tu les trouves comment?

Ecoutez et comparez.

Edith Piaf

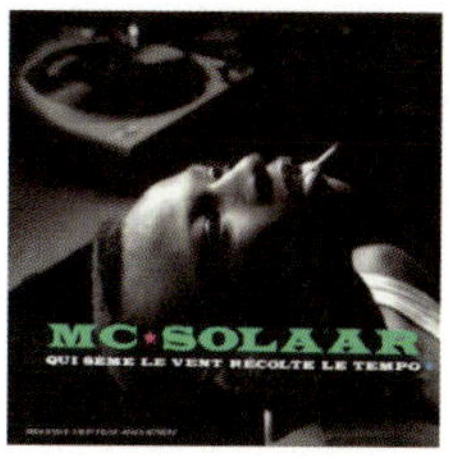

MC Solaar

passionné/e · cool · heureux/heureuse · intéressant/e · sympa · moderne · triste

Je pense / je trouve qu'Edith Piaf est plus passionnée que MC Solaar.
Continuez.

3

Un test

Es-tu dynamique?

Quand tu prends ton petit déjeuner,
a. tu penses aux problèmes d'hier.
b. tu te dépêches pour commencer la journée.
c. tu prends ton temps.

De loin, tu vois le bus venir:
a. tu cours.
b. tu penses « Zut! ».
c. tu hésites, puis tu marches plus vite.

La serveuse t'apporte un thé citron au lieu d'un coca citron:
a. tu dis que ce n'est pas grave.
b. tu fais une remarque, mais tu bois le thé.
c. tu demandes à la serveuse de t'apporter le coca.

Un garçon de ta classe insulte ta meilleure copine:
a. tu le racontes à ton prof principal.
b. tu parles au garçon.
c. tu dis que ça ne te regarde pas.

Ton vélo a un pneu crevé:
a. tu demandes à ton père de le réparer.
b. tu mets le vélo dans le garage et tu n'y penses plus.
c. tu le répares toi-même.

Ta mère t'interdit de sortir si tu ne ranges pas ta chambre.
Tu as un rendez-vous dans 15 minutes:
a. tu fourres toutes tes affaires dans l'armoire.
b. tu ne vas pas au rendez-vous.
c. tu pars sans ranger ta chambre.

Le matin quand le réveil sonne:
a. tu te lèves tout de suite.
b. tu restes encore quelques minutes dans ton lit.
c. tu te rendors.

Tu es en vacances à la mer:
a. tu dors toute la journée sur la plage.
b. tu fais du tourisme dans la région.
c. tu essayes plusieurs sports.

solutions:

1 a. 1 b. 5 c. 3
2 a. 5 b. 1 c. 3
3 a. 1 b. 3 c. 5
4 a. 3 b. 5 c. 1
5 a. 3 b. 1 c. 5
6 a. 5 b. 1 c. 3
7 a. 5 b. 3 c. 1
8 a. 1 b. 3 c. 5

40–28 points: Tu es vraiment dynamique et plein/e d'énergie.
27–18 points: Tu es assez dynamique, mais tu aimes les moments calmes.
17–8: Le dynamisme n'est pas ton truc*. Tu préfères rester tranquille.
**ist nicht Deines*

Textes oraux

1E Ils sont comment?

a. Christophe: Elle est marrante, ta sœur.
Marie: Tu trouves?
Christophe: Ben oui!

b. Pamela: Tu connais Eric?
Vincent: Oui, je le connais.
Pamela: Il est comment?
Vincent: Plutôt calme. Il ne parle pas beaucoup.

c. Sylvie: Il est beau, ce garçon!
Evelyne: De qui tu parles?
Sylvie: De Manuel.
Evelyne: Mais il est égoïste! ... Et crâneur en plus.
Sylvie: Oui, mais je le trouve beau.

d. Jérôme: Tu la trouves comment, la nouvelle?
Cyril: Bof, je ne sais pas. Peut-être un peu timide.

e. Céline: Il n'est vraiment pas sympa, ce garçon.
Adèle: Qui?
Céline: Grégoire. Je le trouve vraiment arrogant.
Adèle: Mais il est plus gentil que Manuel.
Céline: Tu trouves?

2C Edith Piaf

Non, rien de rien
Non, je ne regrette rien
Ni le bien qu'on m'a fait
Ni le mal
Tout ça m'est bien égal

Non, rien de rien
Non, je ne regrette rien
C'est payé, balayé, oublié
Je m'en fous du passé

MC Solaar

J'étais cool, assis sur un banc, c'était au printemps.
Ils cueillent une marguerite: ce sont deux amants.
Overdose de douceur. Ils jouent comme des enfants.
Je t'aime un peu, beaucoup, à la folie, passionnément.

Je suis l'as de trèfle qui pique ton cœur
Je suis l'as de trèfle qui pique ton cœur
Je suis l'as de trèfle qui pique ton cœur
Caroline ...

Comment dit-on?

être fort / faible / nul en être le / la meilleur/e en mon meilleur copain ma meilleure copine je m'entends bien avec lui / elle se dépêcher expliquer répondre quelquefois c'est pourquoi à cause de Je trouve qu'il est marrant. Je la trouve egoïste.	calme crâneur / crâneuse curieux / curieuse dynamique égoïste patient/e impatient/e jaloux / jalouse naïf / naïve marrant/e sérieux / sérieuse sportif / sportive timide heureux / heureuse triste paresseux / paresseuse

A petits pas	Klar!	Noch unsicher
Ich kann über den Charakter einer Person sprechen.		
Ich kann sagen, wie ich jemanden finde.		
Ich kann sagen, warum ich jemanden mag / nicht mag.		
Ich kann Vergleiche anstellen.		

Ça fonctionne comment?

dire	**dormir**	**courir**
je dis	je dors	je cours
tu dis	tu dors	tu cours
il / elle dit	il / elle dort	il / elle court
nous disons	nous dormons	nous courons
vous **dites**	vous dormez	vous courez
ils / elles disent	ils / elles dorment	ils / elles courent

Le comparatif et le superlatif

comparatif

plus	+	adjectif	+	**que**	Grégoire est plus gentil que Manuel.
moins					Astérix est moins fort que son copain Obélix.

superlatif

Dem Komparativ wird der bestimmte Artikel vorangestellt.

Benjamin est **le plus** fort en maths.
Nathalie est **la plus** marrante de la classe.

forme irrégulière:

bon / bonne	meilleur/e	le / la meilleur/e

Frédéric est le meilleur copain de Roger (son meilleur copain).
Ma meilleure copine est Sarah *(meine beste Freundin).*

Pourquoi?

Toute la classe l'aime bien, **parce qu'**elle est très marrante.
Il est nul en maths, **c'est pourquoi** Roger lui explique tous les problèmes.
On se dispute **à cause de** nos devoirs d'espagnol.

On fait les courses?

1

Au grand magasin

A Ecoutez deux fois et cochez vrai ou faux.

Vrai ou faux?	vrai	faux
Julien et Victor vont au Cybercafé.		
Victor doit faire les courses.		
Sa mère est malade.		
Sa mère lui donne de l'argent pour son travail.		
Julien a 50 euro d'argent de poche par mois.		
Il ne gagne pas d'argent.		
Sa grand-mère lui donne de l'argent pour ses bonnes notes.		
Victor n'a pas beaucoup de bonnes notes.		

B Ton argent de poche

Julien a 50 € d'argent de poche. Tu trouves que c'est beaucoup?
Et toi, tu es content/e de ton argent de poche?
Tu gagnes un peu d'argent?
Qu'est-ce que tu fais pour en gagner?

Comment le dépenses-tu, ton argent de poche?
Fais des phrases.

Voici quelques idées :

sorties portable cadeaux vêtements CD
jeux vidéo friandises (bonbons, chocolat ...)
livres magazines cinéma

2

Pictionnaire

lait

fromage

pommes

pain

confiture

œufs

farine

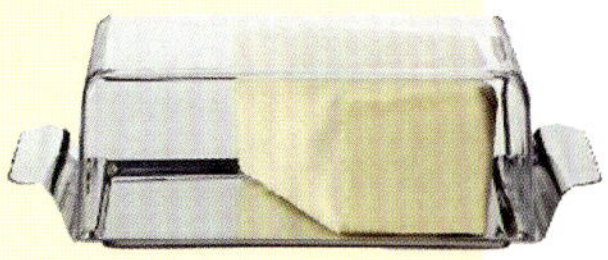
beurre

jambon

pommes de terre

huile d'olive

yaourt

A La liste d'achats de Victor

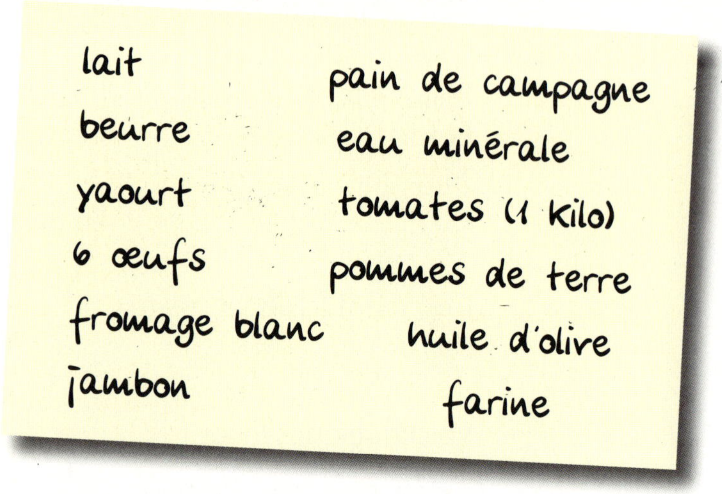

Victor achète **du** lait, **du** beurre, **des** yaourts, 6 œufs, **du** fromage blanc, **du** jambon, **de la** farine, un pain de campagne, **de l'**eau minérale, **des** tomates, **des** pommes de terre et **de l'**huile d'olive.

Traduisez en allemand. *Was fällt euch auf?*

B Poésie

Lisez et apprenez par ♥

Ah bon!
Du poisson? Non.
Du jambon? Non.
Des champignons? Non.
Du melon? Non!
Alors quoi donc?
Des cornichons?
Ah bon!

C. Albaut

76 C Au supermarché

Ecoutez deux ou trois fois, puis répondez aux questions.

- Qu'est-ce que Victor demande à la vendeuse?
- Pourquoi Julien revient sans pain?
- Quelle est la réaction de Victor?
- Qu'est-ce qu'ils doivent faire à la caisse?
- Qu'est-ce que Julien y voit?
- Quelle est sa réaction? Pourquoi?

Lisez le texte du dialogue et cherchez les expressions correspondantes.

ich stelle mich an	faire la queue
ich brauche	~~c'est à qui~~ je voudrais
Wer ist an der Reihe?	c'est à qui
Was noch?	Et avec ça
Das ist alles.	c'est tout
Das ist unglaublich.	c'incroyable
viel billiger	c'est incroyable.

D Madame Bajera veut faire les courses, voici sa liste d'achats:

limonade
pommes
confiture
lait
olives
farine
huile
sardines
fromage
spaghettis

Qu'est-ce qu'elle doit acheter?
de la limonade …
Continuez.

E Elle en achète combien?

Ajoutez les quantités.

250g	un kilo	un pot	deux bouteilles	150g
deux kilos	un litre	un paquet	une boîte	

Elle achète .... de limonade,
.... de pommes, ... de confiture,
.... de lait, ... d'olives, ... de farine,
.... d'huile, ... de sardines, سردين
.... de spaghettis et .... de fromage.

Was ist aus *du, de la* etc. geworden?

3 On fait la cuisine?

A Monsieur Bajera fait la cuisine, parce que sa femme est malade. Il veut faire une omelette aux champignons.

77

M.Bajera: Comment je fais?
Madame Bajera: Tu coupes les champignons, tu mets de l'huile dans la poêle. Puis tu ajoutes les œufs.
M.Bajera: Combien d'œufs?
Mme Bajera: Trois ou quatre.
M.Bajera: J'ajoute les champignons?
Mme Bajera: Oui, et n'oublie pas le sel et le poivre!

Pour faire une omelette aux champignons, on prend:

... champignons, ... huile, ... œufs, ... sel et ... poivre.

B Recettes

salade de tomates

mousse au chocolat

Qu'est-ce qu'on prend pour quel plat?

tomates vinaigre
oignons sucre
chocolat sel
chantilly œufs
huile poivre

C Et toi, tu sais faire la cuisine?

Tu connais des recettes simples?

D Une recette à la radio

78

Voici les ingrédients:
œufs, sucre, beurre, jus de citron,
farine, levure, cerises

Pour faire ce gâteau, on prend des œufs ...
Continuez.

Ecoutez et récrivez la recette avec les quantités.

E Je ne mange pas de viande.

Travail à deux

Tu veux du poulet? Non merci, je ne mange pas de viande.

Continuez avec ces éléments.

- camembert – fromage
- gâteau – sucre
- pralinés – chocolat
- une tasse de café – café
- un verre de vin – alcool
- salade – légumes

F Riche ou pauvre en vitamines?

Ecrivez deux listes.

jambon tomates pommes de terre
huile d'olive limonade pommes
spaghettis carottes farine
chocolat sucre lait
oignons bananes cerises

riche	pauvre

Textes oraux

1A Au grand magasin

Julien: Il est super bien, ce truc.
Victor: Oui, c'est le meilleur sur le marché. Et en plus, il n'est pas cher.
Julien: On va encore au Cybercafé?
Victor: Non, je n'ai plus le temps. Je dois encore faire les courses.
Julien: Ta mère est malade?
Victor: Non, c'est moi qui fais souvent les courses.
Julien: Vraiment? Quelle poisse!
Victor: Tu sais, ça ne me gêne pas. Et en plus, ma mère me donne toujours quelques euros. Comme ça, j'ai plus d'argent de poche. Toi, tu en as combien?
Julien: 50 € par mois.
Victor: Ce n'est pas beaucoup.
Julien: Mais moi aussi, je gagne de l'argent.
Victor: Qu'est-ce que tu fais, toi?
Julien: Je descends la poubelle, je lave la voiture de ma mère et mamie me donne de l'argent quand j'ai de bonnes notes.
Victor: Ah, ce n'est pas mal. Moi, je n'en ai jamais, de bonnes notes.
Julien: Je sais, tu es trop paresseux.
Victor: Alors, tu viens avec moi ou quoi?
Julien: Si tu veux.

2C Au supermarché

Victor: Tu vas chercher le pain? Moi, je fais la queue ici, il me faut encore du jambon.
Julien: C'est où, le pain?
Victor: Là-bas, au bout de l'allée, à droite.
Vendeuse: C'est à qui?
Victor: C'est à moi. Je voudrais 200g de jambon, s'il vous plaît.
Vendeuse: Et avec ça?
Victor: C'est tout.
Vendeuse: Merci, au revoir.
Victor à Julien: Tu n'as pas le pain?
Julien: Non, il n'y en a plus.
Victor: Mince, je dois encore aller à la boulangerie.
Julien: Et il faut encore faire la queue à la caisse! ...
Tiens! Ils ont le même appareil qu'on a acheté. Ce n'est pas possible! Ça coûte seulement 49 €! C'est incroyable, c'est beaucoup moins cher qu'à la Fnac!
Victor: Tu as raison, mais maintenant c'est trop tard.

3D Pour ce gâteau vous prenez:

4 œufs, 120g de sucre, 100g de beurre, un peu de jus de citron, 150g de farine, un sachet de levure et 300g de cerises.
Vous mélangez les œufs ...

Ça fonctionne comment?

devoir	**voir**
je dois	je vois
tu dois	tu vois
il / elle doit	il / elle voit
nous devons	nous voyons
vous devez	vous voyez
ils / elles doivent	ils / elles voient

L'article partitif *(Teilungsartikel)*

ohne Mengenangabe		mit Mengenangabe	
j'achète	**du** lait	un litre	**de** lait
	de la farine	un kilo	**de** tomates
	de l'eau minérale	six bouteilles	**d'**eau minérale
	des olives	200g	**d'**olives
il a	**de l'**argent	beaucoup	**d'**argent
	du travail	peu	**de** travail
		pas	**de** viande *(Menge 0)*
	du **de la** **de l'** **des**		**de / d'**

Im Deutschen steht hier meist kein Artikel!

Le pronom *en*

Elle achète **du lait**?	Oui, elle **en** achète un litre.
Combien de tomates?	J'en prends deux kilos.
Tu achètes de la farine?	Non, je n'en achète pas.
Tu as un chat?	Oui, j'en ai deux.
Elle a une voiture?	Non, elle n'en a pas.

en ersetzt:
- Wortgruppen mit de
- den unbestimmten Artikel mit Hauptwort

en steht unmittelbar vor dem Verb

Comment dit-on?

l'argent m. l'argent de poche Tu en as combien? faire les courses f.pl. gagner (de l'argent) dépenser (de l'argent) la boulangerie 100 grammes de jambon s'il vous plaît. Il me faut encore ... vendeur / vendeuse la caisse une bouteille un kilo (de tomates) un litre un paquet un pot de confiture un verre une boîte	du beurre des champignons m. de la confiture de la farine du fromage de l'huile f. du vinaigre du lait des légumes m.pl. un œuf des oignons m. du pain du sucre du sel du poivre des pommes de terre f. du poulet de la viande du yaourt du jambon riche pauvre

A petits pas	Klar!	Noch unsicher
Ich kenne einige wichtige Lebensmittel.		
Ich kann im Supermarkt etwas verlangen.		
Ich kann sagen, wie viel ich von etwas brauche.		
Ich kann Preise kommentieren.		
Ich kann einfache Rezepte verstehen.		

Travail et vacances

1

Une enquête sur le travail

79 A

Dans une agence de voyages

Ecoutez 2 ou 3 fois et terminez les phrases:

Madame Serrano commence à travailler ....
Elle travailleur .... par semaine.
Elle donne des renseignements aux ....
Elle répond au ....
Elle explique le chemin aux ....
Elle parle ....
Elle n'aime pas ....

B

A qui?

- Le journaliste pose des questions **à** Madame Serrano.
- Elle répond **aux** questions du journaliste.
- Les touristes demandent des renseignements **à** Mme Serrano.
- Madame Serrano donne des renseignements **aux** touristes.
- Elle montre un prospectus **à la** dame.
- Elle téléphone **à l'**employé de l'Hôtel Méridien.
- Elle explique les tarifs **au** client.

Besprecht wann man welche Form verwendet.
Soulignez les verbes qui demandent la préposition **à.**
Complétez la liste.
Elle donne des renseignements à Madame Pelletier.
.... client.
.... dame.
.... employé.
.... touristes.

2 Métiers

A Ils font quel métier?

Choisissez dans la case.

employé/e — professeur — chauffeur de taxi
secrétaire — vendeur / vendeuse — médecin
journaliste — coiffeur / coiffeuse — réceptionniste

Une personne qui montre des vêtements aux clients est ....
Quelqu'un qui pose des questions aux gens et écrit des articles de journal est
....
Une personne qui donne des conseils aux malades est ....
Quelqu'un qui explique les exercices aux élèves est ....
Une personne qui écrit des lettres aux clients de son chef est ....

Trouvez une description pour les métiers qui restent.
Utilisez les expressions suivantes:
travailler au bureau - couper les cheveux
donner les clés - circuler en voiture

80 B Ecoutez et notez quel métier ils font.

a. ....
b. ....
c. ....
d. ....
e. ....
f. ....

81 C Chanson rythmique

Ecoutez et répétez

marcher - courir - danser,
chanter quelque chose à quelqu'un
chercher quelque chose, trouver quelque chose
acheter quelque chose à quelqu'un
demander à quelqu'un, téléphoner à quelqu'un
expliquer quelque chose à quelqu'un
chercher quelqu'un, trouver quelqu'un,
montrer quelque chose à quelqu'un

D Travail en groupes

Qui sont-ils?
Qu'est-ce qu'ils font?
Qu'est-ce qu'ils aiment faire?

Inventez!
Choisissez deux personnes et faites leur portrait.

Présentez un de ces portraits à toute la classe.

3 Vacances

A Toutes sortes de vacances

Simon est au Canada avec ses parents et sa sœur. Ils ont loué un camping-car pour être plus indépendants. Ils veulent visiter plusieurs parcs nationaux, parce qu'ils aiment beaucoup la nature. Ils espèrent voir des élans et des ours. Il y a aussi de grands lacs où on peut faire du canoë. L'eau de ces lacs est plutôt froide, c'est pourquoi la sœur de Simon est un peu déçue.

Sylvie et son frère Eric passent une semaine en Espagne, dans un camp sportif au bord de la mer. On peut y faire du tennis, de la planche à voile, de l'équitation et du beach-volley. Eric ne fait pas d'équitation, mais Sylvie essaie tous les sports proposés. Elle est vraiment très sportive. Ils sont dehors toute la journée. Quand ils ne font pas de sport, ils sont sur la plage avec leurs copains.

Myriam ne part pas en vacances cette année, parce que ses parents doivent travailler. Sa meilleure copine ne part pas non plus, c'est pourquoi Myriam n'est pas trop triste. Les deux filles font beaucoup de choses ensemble. Quand il fait beau, elles vont à la piscine ou font du vélo. Quand il pleut, elles font du shopping ou regardent la télé. De temps en temps, Myriam fait du baby-sitting chez sa sœur qui a un garçon de 3 ans.

Lucie passe 10 jours chez ses grands-parents qui habitent dans un petit village en Normandie. Le soir Lucie s'ennuie un peu, mais pendant la journée il n'y a pas mal de choses à faire. Tout près de la maison de ses grands-parents se trouve un centre d'équitation où elle va presque tous les jours. Elle adore les chevaux. De temps en temps, elle fait des promenades avec son papi et avec Lomax, leur chien. A leur retour, mamie les attend toujours avec un repas délicieux.

Cyril adore la neige, c'est pourquoi il passe ses vacances d'hiver à la montagne. C'est toujours le même groupe de sportifs qui part ensemble. Ils font du ski et du snowboard. Quelques-uns font aussi du ski hors-pistes, mais seulement s'il n'y a pas de danger d'avalanches. Cyril, lui, fait surtout du snowboard. Le soir, ils se retrouvent tous dans leur chalet où ils doivent faire la cuisine. Les résultats sont parfois un peu bizarres, mais l'ambiance est très bonne.

82

Ecoutez et notez le nom (Simon, Sylvie, ...) de la personne qui parle.

a. .... b. ....

c. .... d. ....

e. ....

B

Regardez le texte p. 153 et soulignez les verbes.

- Um welche Zeit handelt es sich hier?
- Wie viele Elemente braucht man, um diese Zeit zu bilden?
- Welche Elemente sind das?
- Vergleicht anschließend S. 154. *(Le passé composé)*

C Qu'est-ce qu'ils ont fait?

Relisez les textes p. 149–150, puis répondez aux questions.

Qui a fait de l'équitation? Lucie et Eric ont fait de l'équitation.
Qui a travaillé? →
Qui a fait la cuisine? →
Qui a fait des promenades? →
Qui a mangé des tapas? →
Qui a fait du vélo? →
Qui a beaucoup rigolé? →
Qui a mangé des « chiens chauds » (hot dogs au Québec)? →
Qui a fait du sport? →

D Qu'est-ce qu'on a fait?

Complétez les listes.

j'ai fait	nous avons mangé	il a travaillé
du baby-sitting	un gâteau	avec les copains

du baby-sitting   avec les copains   les courses   mes exercices
un gâteau   dans sa chambre   des crêpes   une promenade
les bonbons   chez tante Françoise   des frites   pour l'école
tout le chocolat   dans le jardin   toute la journée   la queue
du vélo   la soupe   le gâteau

E Et toi, qu'est-ce que tu as fait le week-end dernier?

- samedi matin
- samedi après-midi
- samedi soir
- dimanche matin
- dimanche après-midi

F Petits mots

J'ai travaillé tout l'après-midi.
J'ai fait tous les exercices.
Maintenant je vais
chez Jean-Marc.

La personne qui a
mangé mes bonbons
met 2 Euros sur mon
bureau!

Désolé, j'ai mangé
tout le chocolat.

M. Durat a téléphoné.

Chéri, J'ai mangé la soupe,
mais il y a encore des
spaghettis dans le frigo.

Nous avons fait les courses
et nous avons rangé notre
chambre. Maintenant on va
au ciné avec Marie-Laure.

J'ai fait un gâteau.
Il est dans le frigo.

Qui écrit à qui? Discutez.

- Le fils à sa mère.
- Une mère à ses enfants.
- La sœur à son frère.
- Une fille à une personne anonyme.
- Deux sœurs à leurs parents.
- La femme à son mari *(Ehemann).*
- Le mari à sa femme.

A vous maintenant

Ecrivez des petits mots d'après les exemples ci-dessus.
Exemple:

J'ai fait des biscuits. Elles sont sur la table de la cuisine.

Textes oraux

1A Dans une agence de voyages

Journaliste: Pardon Madame, je peux vous poser quelques questions? C'est pour une enquête.
Mme Serrano: Oui bien sûr.
Journaliste: A quelle heure est-ce que vous commencez à travailler?
Mme Serrano: A neuf heures.
Journaliste: Et vous travaillez cinq jours par semaine?
Mme Serrano: Oui, du mardi au samedi. Je suis libre le lundi.
Journaliste: Pourriez-vous décrire votre travail?
Mme Serrano: Euh, je donne des renseignements aux touristes. Je réponds au téléphone, j'explique le chemin aux clients ...
Journaliste: Il y a beaucoup d'étrangers?
Mme Serrano: Assez. Il y a des Anglais, des Américains, des Japonais, des Espagnols ...
Journaliste: Vous parlez une langue étrangère?
Mme Serrano: Je parle anglais et espagnol.
Journaliste: C'est intéressant, votre travail?
Mme Serrano: Bof ça va. On rencontre des gens, c'est bien. Mais la correspondance, je n'aime pas du tout. Je trouve ça ennuyeux.
Journaliste: Merci Madame, et bonne journée!

2B

a. Je travaille à l'Hôtel du Port. Je donne la clé aux clients, je leur explique le chemin et je ...
b. Je demande aux clientes quelle coiffure elles veulent avoir, je leur coupe les cheveux, je ...
c. Quelquefois je fais des interviews, puis je dois écrire un article, je dois aussi ...
d. Je travaille à la banque, je réponds au téléphone, j'écris des lettres et je donne des conseils aux clients, parfois je ...
e. Je travaille dans une brasserie. J'apporte des boissons aux clients, je nettoie les tables, je ...
f. Je pose des questions au professeur, je prends des notes et je passe des examens.

3A

J'ai fait de l'équitation. Quelquefois j'ai fait des promenades avec mon grand-père. J'ai mangé des crêpes.
Nous avons visité trois parcs nationaux et nous avons fait du canoë. Nous avons mangé des chiens chauds, c'est comme ça qu'on appelle les hot dogs ici.
Nous avons fait des promenades en vélo et nous avons regardé la télé.
Quelquefois j'ai travaillé, j'ai fait du baby-sitting.
J'ai fait du snowboard et j'ai fait la cuisine et nous avons beaucoup rigolé.
Nous avons fait du sport. Mon frère a même fait de l'équitation. Nous avons mangé des tapas.

Ça fonctionne comment?

L'objet indirect *(Objekt mit Präposition)*

Le journaliste pose des questions	à Madame Serrano.
Madame Serrano répond	au client.
Elle explique le chemin	à la dame.
Mireille téléphone	à l'employé.
Elle montre des prospectus	aux touristes.

à + Person wird durch *lui* bzw. *leur* ersetzt. (Siehe U 11, S. 98.)

Il montre le plan **au monsieur.** ➜ Il **lui** montre le plan.
Elle explique le chemin **aux touristes.** ➜ Elle **leur** explique le chemin.

Folgende häufig gebrauchte Zeitwörter verlangen die Präposition *à:*

répondre / montrer / expliquer / donner / apporter / écrire / téléphoner / demander / offrir

Le pronom relatif

qui	Une vendeuse est quelqu'un **qui** montre des vêtements aux clients. Tu connais l'homme **qui** habite dans cette maison?
où	Il y a des grands lacs **où** on peut faire du canoë. Cyril va à la montagne **où** il fait du snowboard.

Le passé composé

avec **avoir**

J'**ai mangé** le chocolat.
Ils **ont travaillé** dans le jardin. — avoir + participe passé
Elle **a fait** un gâteau.

Das *participe passé* (Mittelwort der Vergangenheit) der regelmäßigen Verben auf *-er* endet auf *-é.*

mang *-é*	parl *-é*	ABER: faire ➜ **fait**
travaill *-é*	écout *-é*	
regard *-é*		

Comment dit-on?

commencer (à travailler) travailler au bureau expliquer qc. à qn. donner des renseignements des conseils à qn. répondre au téléphone téléphoner à l'agence montrer qc. à qn. 5 jours par semaine 50 € par mois toute la journée presque tous les jours passer les vacances au Canada louer un camping car visiter les parcs nationaux faire du canoë / du shopping / du baby-sitting s'ennuyer (un peu)	une agence de voyages un métier vendeur / vendeuse employé/e médecin chauffeur de taxi secrétaire coiffeur / coiffeuse réceptionniste Il est réceptionniste. le / la client/e une bonne ambiance le journal / les journaux

A petits pas	Klar!	Noch unsicher
Ich kenne einige Berufsbezeichnungen.		
Ich kann wesentliche Tätigkeiten aus einigen Arbeitsbereichen nennen.		
Ich kann über verschiedene Arten von Ferien sprechen.		
Ich kann jemandem eine schriftliche Nachricht hinterlassen.		

un pas de plus

Samedi 2 juillet

Je suis chez mes grands-parents pour deux jours. La Normandie, j'adore. C'est beau, vert, humide. Il y a même la mer. Et tant pis pour les galets* et qu'importe l'eau froide. Il y a la mer. La maison est isolée, loin du centre ville, loin de tout. C'est chaud, douillet* comme un nid d'oiseau*. Et tant pis* si se réveille ici mon allergie, et peu importe* que mon nez se mette à couler* comme fontaine: j'ai dans ma trousse de voyage les médicaments qui conviennent. Je suis chez mes grands-parents pour deux jours. Leur maison, c'est ma retraite. Goûters et petits plats rien que pour moi ... Je mange comme quatre! Et, avec ça, dorlotée*, soignée, aimée. Ah! Cette envie de redevenir enfant pour toujours et d'arrêter le temps. Parfois je râle*. Intérieurement.

Dans ce coin perdu, comment se faire des amis? Et puis ... Mon grand-père s'assoit près de la cheminée, ... Ma grand-mère sort un pot de confiture du buffet. Je ferme les yeux. La mer est proche. Des amis ici? Pour quoi faire?

Laure

Lettres d'une adolescente à un écrivain, de José Féron Romano et Géraldine Gourdain

* les galets m. → *Kieselsteine*
douillet → *gemütlich, wohlig*
le nid d'oiseau → *das Vogelnest*
tant pis → *was soll's*
peu importe → *es macht nichts*
couler → *rinnen*
dorloté/e → *verhätschelt*
râler → *meckern*

Lisez ce texte deux fois, puis remplissez la grille.

Où?	Chez qui?	Pour combien de temps?

Lisez le texte une troisième fois, si nécessaire.
Faites une liste de ce que Laure aime en Normandie et chez ses grands-parents.

Week-end en famille

1

Tu as fait quoi?

A Une carte postale

Chère Mamie, Vichy, le 14 août

Comment vas-tu? Nous, on est bien arrivé chez tante Sylvia. Elle était très contente de nous voir. La maison est immense. Il y a des tas de choses à découvrir.
Hier, Monique et moi, nous avons trouvé de vieilles photos dans le grenier. En plus, il y a des étables et une grange avec un vieux tracteur.
Malheureusement il n'y a plus d'animaux ici. Seulement le vieux chien Caro et deux chats qui dorment toute la journée.
Hier soir, nous sommes allées à une fête sur la place de village. C'était bien, mais j'ai trop mangé. On rentre dimanche soir.

Je t'embrasse
Rita

Lisez et complétez.

Rita est arrivée ....
Sa tante était ....
Monique et Rita ont trouvé ....
Elles sont allées ....
C'était ....
Rita a trop ....

Rita verwendet zwei Zeiten, um von ihrem Wochende zu berichten.
Das ***passé composé*** und das ***imparfait***.
Was erfährt man nicht, wenn man die Sätze im *imparfait* auslässt?

B Journal intime

Enfin un week-end à mon goût! Samedi soir, je suis sorti avec Max et Roland, et quand je suis rentré à une heure, tout le monde était déjà au lit, alors personne n'a râlé. Dimanche, je suis resté au lit jusqu'à 11 heures, et personne n'a râlé. Mon père a fait du jogging avec Manuel. Il ne m'a même pas demandé de venir.
A 11 heures j'ai pris le petit déjeuner, et après, je suis allé dans ma chambre pour essayer mon nouveau jeu. Manuel est allé au stade avec ses copains, alors la maison était calme. Le soir, j'ai un peu regardé la télé, mais le film était trop bête, alors je suis retourné à mon jeu ...

Trouve les phrases correspondantes en français.

Alle waren schon im Bett. → ....
Es war ruhig zuhause. → ....
Der Film war zu dumm. → ....

Was haben diese Sätze gemeinsam?
Was wird auf diese Art ausgedrückt?

C Une rédaction

Laurent, 8 ans, écrit:

Mon week-end
Samedi matin, je suis allé au marché avec ma petite sœur et mes parents. Moi, j'aime beaucoup, parce que papa m'achète toujours un hot dog. Après, papa a fait la cuisine. Il fait toujours la cuisine le samedi. Samedi dernier c'était un plat asiatique. Ce n'était pas mauvais, mais moi, je préfère la cuisine française. L'après-midi était un peu ennuyeux, alors j'ai regardé la télé. A 5 heures, tante Ursule est venue. Je ne l'aime pas trop, parce qu'elle parle très fort, mais elle m'apporte toujours du chocolat. Elle est restée jusqu'au dîner ...

Finde einen Satz, in dem ein Zustand beschrieben wird, der von einer Handlung unterbrochen wird.

Welche Zeiten werden dabei verwendet?

...

D Petits mots pendant le cours

T'as fait quoi, ce week-end?
Rien de spécial. Et toi?
Moi, j'ai pris des tas de photos.
J'ai un nouvel appareil.
Ah bon? Et c'était bien?
Oui. J'ai rencontré Mario dans le parc.
Mario? ;))))
Oui, et il a regardé dans ma direction.
Il t'a parlé?

Travail à deux

Il est comment, Mario?
Avec un peu d'imagination, décrivez-le.

83 E Cétait comment, ton week-end?

Ecoutez et trouvez ce qui va ensemble.

Le week-end de Daniel était super	parce qu'il a fait la queue.
Il a fait la fête	mais le week-end il y a trop de monde.
Daniel a téléphoné à Charles	à 9 heures.
Charles est allé	avec ses copains.
Charles est rentré	à Eurodisney.
Eurodisney n'était pas mal	mais il n'était pas là.
Daniel n'a pas aimé Eurodisney	parce qu'il a fait la fête.

Lisez les textes de cette unité et le dialogue p. 162 et répondez aux questions.

- Qui aime bien les animaux?
- Qui préfère la compagnie?
- Qui préfère être seul?
- Qui a une tante qui habite dans un village?
- Qui aime bien manger?
- Qui préfère l'ordinateur au sport?
- Qui rentre tard le soir?
- Qui passe son week-end en famille?
- Qui ne passe pas son week-end avec ses parents?
- Pour qui craquent *(schwärmen)* Nicole et Laure?

F

Cherchez toutes les phrases au passé composé et faites deux listes.

avoir	être
nous avons trouvé j'ai trop mangé	on est arrivé nous sommes allées

Was fällt euch auf?

2

C'était comment?

A

Mit dem *imparfait* sagt man, wie ....

B Trouvez un commentaire possible pour chaque phrase au passé composé.

Hier je suis allé au lit à 9 heures.
Dimanche dernier, tante Mireille est venue.
Samedi soir, on a fait la fête.
Hier nous avons mangé chez l'Italien.
Mes parents sont partis pour le week-end.
L'après-midi, j'ai essayé mon nouveau jeu.
Jeudi dernier, nous avons fait une excursion.
Pour son anniversaire, il a eu un gros dictionnaire.
Hier soir, j'ai téléphoné à Zoé.

C'était délicieux!
La maison était calme.
C'était très intéressant.
Il était très difficile.
Elle était seule à la maison.
C'était supercool.
J'étais tellement fatigué!
C'était ennuyeux.
Il était déçu.

C Ton week-end était comment?

- C'était intéressant / ennuyeux / marrant?
- Tu es resté/e à la maison?
- Tu es sorti/e avec tes copains / copines?
- Tu as bien mangé?
- Tu as rencontré quelqu'un d'intéressant?
- Tu as fait du sport?
- Tu es allé/e au cinéma?
- Tu as dormi jusqu'à 11 heures?
- Tu es rentré/e tard?
- Quelqu'un est venu chez toi?
- Tu as fait une excursion?
- Tu étais content/e? Triste? Fatigué/e?

Du kannst jede Frage einzeln beantworten, du kannst aber auch, mit Hilfe dieser Fragen, zusammenhängend über dein Wochenende berichten.

D Relis le texte p. 157 et écris une carte postale.

Ecris ce que tu as fait le week-end.

Texte oral

1E C'était comment, ton week-end?

Charles: C'était comment, ton week-end?
Daniel: Supercool, mes parents n'étaient pas là et les copains sont venus chez nous. On a fait la fête.
Charles: Pourquoi tu n'as pas téléphoné?
Daniel: J'ai essayé, mais tu n'étais pas là.
Charles: C'est vrai, on est allé à Eurodisney, on est rentré seulement à 9 heures.
Daniel: C'était comment?
Charles: Ce n'était pas mal, mais le week-end il y a trop de monde.
Daniel: Moi, j'y suis allé une seule fois, mais je n'ai pas aimé.
On a fait la queue, on a mangé des cochonneries et ...
Charles: Si tu n'y vas pas le week-end, ça va.

Comment dit-on?

écrire une rédaction		seulement
faire la fête		une fois
découvrir		il y a trop de monde
rentrer		
parler fort		
rester (à la maison)		hier soir
prendre des photos	J'ai pris des photos.	l'après-midi
		ce week-end
On rentre dimanche.		samedi matin
Je t'embrasse		dimanche dernier
C'était comment?		
c'était ennuyeux		
délicieux / difficile / pas mal		

A petits pas	Klar!	Noch unsicher
Ich kann erzählen, was ich am Wochenende gemacht habe.		
Ich kann eine Tagebucheintragung zu einem vergangenen Ereignis machen.		
Ich kann vergangene Ereignisse kommentieren.		
Ich kann eine Ansichtskarte schreiben.		

Ça fonctionne comment?

Le passé composé avec **être**

aller	Je **suis allée** chez tante Sylvie.	venir	Elle **est venue** à 5 heures.
arriver	Nous **sommes** bien **arrivées** ici.	sortir	Vous **êtes sortis** samedi soir?
rentrer retourner	Tu **es rentré/e** à quelle heure? Ils **sont retournés** chez eux.	rester	Il **est resté** avec nous.
monter	Ils **sont montés** à la Tour Eiffel.	descendre	Il **est descendu** du train.

Diese Verben bilden das *passé composé* mit *être*.

Das *participe passé* wird mit dem Subjekt nach Zahl und Geschlecht übereingestimmt, das heißt, wenn das Subjekt weiblich ist, wird ein *-e* angehängt, wenn es in der Mehrzahl ist, ein *-s* (weiblich Mehrzahl *-es*). Bei *on* in der Bedeutung „wir" kann man ein *-s* anhängen, man muss aber nicht.

Die meisten Verben auf *-ir* bilden das *participe passé* auf *-i*.
sortir → sorti   dormir → dormi   finir → fini

Unregelmäßige Formen des *participe passé:* prendre → pris   venir → venu   (à suivre)

L'imparfait	**être**		
		j'étais	nous étions
		tu étais	vous étiez
		il / elle était	ils étaient

Sowohl das *passé composé* als auch das *imparfait* werden verwendet, um von Vergangenem zu berichten. Mit dem *passé composé* stellt man Tatsachen fest, mit dem *imparfait* kommentiert man diese. Im *passé composé* erzählt man, was man gemacht hat.
Im *imparfait* sagt man, wie das war.

Dimanche soir **j'ai regardé** la télé, mais le film **était** stupide.
Mon père **n'a pas râlé,** alors **j'étais** content.
Nous **sommes** bien **arrivées** chez tante Sylvie, elle **était** contente de nous voir.
Daniel **a fait** la fête, parce que ses parents **n'étaient pas** là.

Le pluriel irrégulier

un animal → des animaux   un canal → des canaux   le travail → les travaux
un cheval → des chevaux   le journal → les journaux

Nomen auf *-al* enden in der Mehrzahl meist auf *-aux.*

L'article

L'article défini

le	m.sg.	à + le = **au**
la	f.sg.	de + le = **du**
l'	m.+ f.sg. vor Vokal und *h*	à + les = **aux**
les	m.+ f.pl.	de + les = **des**

L'article indéfini

un	m.sg.
une	f.sg.
des	m. + f.pl.

Nach der Verneinung (außer bei *être*) werden *un / une* zu *de (d')*.
Je n'ai **pas de** voiture. (KEIN)

L'article partitif

du	m.sg.
de la	f.sg.
de l'	m.+ f.sg. vor Vokal und *h*
des	m.+ f.pl.

Mit Mengenangabe und in der Verneinung wird der *article partitif* zu *de / d'*:

du	lait	un litre **de** lait
de la	limonade	une bouteille **de** limonade
de l'	eau minérale	pas **d'**eau minérale
des	problèmes	beaucoup **de** problèmes

Bei der Verneinung mit *être* bleiben *du, de la, de l', des* erhalten!
Ce n'est **pas de l'eau.**

Im Deutschen steht hier meist **kein** Artikel!

L'adjectif

L'adjectif démonstratif

ce	m.sg.
cet	m.sg. vor Vokal und *h*
cette	f.sg.
ces	m.+ f.pl.

L'adjectif interrogatif

quel?	m.sg.
quelle?	f.sg.
quels?	m.pl.
quelles?	f.pl.

L'adjectif possessif

singulier		pluriel	
masculin	féminin	masculin	féminin
mon	**ma**	**mes**	
ton	**ta**	**tes**	
son	**sa**	**ses**	
notre		**nos**	
votre		**vos**	
leur		**leurs**	

Vor Vokal und *h* stehen *mon, ton, son* auch im *féminin!*

mon amie
ton école
son histoire

L'adjectif indéfini

singulier		pluriel	
masculin	féminin	masculin	féminin
tout	**toute**	**tous**	**toutes**

Nach dem *adjectif indéfini* steht eines dieser Elemente:

der bestimmte Artikel	**tout le** temps
der unbestimmte Artikel	**toute une** région
ein adjectif possessif	**tous mes** amis
ein adjectif démonstratif	**toutes ces** questions

Les articles et les adjectifs (démonstratifs, possessifs et indéfinis)

art. déf.	art. indéf.	art. part.	adj. dém.	adj. poss.		adj. indéfini
le (l')	un	du (de l')	ce	mon	notre	tout
				ton	votre	
				son	leur	
la (l')	une	de la (de l')	cette	ma	notre	toute
				ta	votre	
				sa	leur	
les	des	des	ces	mes	nos	tous / toutes
				tes	vos	
				ses	leurs	

Die ersten fünf Elemente schließen einander aus, d.h. es kann nur jeweils eines von ihnen vor dem Nomen stehen.

L'adjectif qualificatif

singulier			pluriel		
masculin	féminin		masculin		féminin
jeune	jeune				
rouge	rouge			+ -*s*	
mince	mince				
joli	jolie	+ -*e*,		+ -*s*	
fatigué	fatiguée	Aussprache unverändert			
blond	blonde	+ -*e*,		+ -*s*	
court	courte	Aussprache ändert sich!			
brun	brune				
long	longue				
gris	grise		gris		grises
mauvais	mauvaise		mauvais		mauvaises
français	française		français		françaises
gros	grosse		gros		grosses
ennuyeux	ennuyeuse		ennuyeux		ennuyeuses
cher	chère				
bon	bonne				
autrichien	autrichienne		+ -*s*		
sportif	sportive				
blanc	blanche				
beau / bel*	belle		beaux		belles
vieux / vieil*	vieille		vieux		vieilles
nouveau / nouvel*	nouvelle		nouveaux		nouvelles

* vor Vokal und *h*

Folgende Eigenschaftswörter stehen meist **vor** dem Nomen:
jeune / joli / grand / bon / vieux / beau / petit / mauvais
Eigenschaftswörter, die eine Farbe oder Nationalität bezeichnen, stehen **immer nach** dem Nomen.

Le pluriel du nom

le garçon	les garçon**s**	+ *-s*
la fille	les fille**s**	
le bureau	les bureau**x**	+ *-x*
l'animal	les animau**x**	*-al* wird *-aux*

Ein Nomen, das auf *-s, -x* oder *-z* endet, bleibt in der Mehrzahl unverändert.

le nez	les nez
le Français	les Français

Les pronoms

Les pronoms personnels, *en, y*

1.Fall	3.Fall	4.Fall
je	me	me
tu	te	te
il / elle	lui	le / la, l'
nous	nous	nous
vous	vous	vous
ils / elles	leur	les

En ersetzt Wortgruppen mit *de* und den unbestimmten Artikel mit Nomen.
Elle achète **du pain**? Oui, elle **en** achète. / Ils ont **un chat**? Oui, ils **en** ont deux.

Y ersetzt Wortgruppen mit *à* und Ortsbezeichnungen.
Tu penses encore **à tes vacances**? Oui, j'**y** pense encore.
Ils vont **en Italie**? Non, ils n'**y** vont pas.

Sie stehen unmittelbar vor dem konjugierten Verb.
Tu connais Sandrine? Oui, je **la connais.** / Non, je ne **la connais** pas.

In der bejahten Befehlsform werden die Pronomen *me* und *te* zu *moi* und *toi.* Sie stehen nach dem Verb und werden durch einen Bindestrich mit diesem verbunden.
Montre-moi les photos!
Lève-toi!
Dépêchez-vous!

In der verneinten Befehlsform gelten dieselben Regeln wie im Aussagesatz.
Ouvre le cadeau. Non, ne **l'ouvre pas!**

Le pronom accentué	ANWENDUNG
moi	1. vor dem persönlichen Fürwort oder
toi	am Satzende zur Betonung des Subjekts
lui	**Moi**, je ne viens pas.
elle	Ils ne savent pas, **eux**?
nous	
vous	2. nach Vorwörtern *(chez, pour, avec etc.)*
eux	Venez **chez moi** ce soir.
elles	Son amie est **avec lui.**

Les prépositions

Les prépositions du lieu

Il va	**à** Strasbourg.	Ortsnamen
Elle est	**au** cinéma.	m.sg.
	à la gare.	f.sg.
	à l'école.	vor Vokal und *h* (m.+ f.)

chez mes amis *(bei, zu)* — Person in Verbindung mit einem Ort

à côté de la gare *(neben)*
en face du stade *(gegenüber)*
près de l'arrêt de bus *(bei)*
loin des magasins *(weit von)*

sur la table *(auf)*
sous la chaise *(unter)*
dans le sac *(in)*

devant l'école *(vor)*
derrière l'université *(hinter)*
entre le café et le cinéma *(zwischen)*

Les prépositions du temps

à 7 heures
à 1 heure

le matin *(am Morgen, am Vormittag)*
à midi
l'après-midi
le soir

lundi — **le** lundi = jeden Montag
mardi
mercredi
jeudi
vendredi
samedi
dimanche

en janvier
en février etc.

au printemps
en été
en automne
en hiver

Le verbe

Le présent

Verbes réguliers

Groupe en ***-er***

travailler
je travaill**e**
tu travaill**es**
il / elle / on travaill**e**
nous travaill**ons**
vous travaill**ez**
ils / elles travaill**ent**

Groupe en ***-re***

descendre
je descend**s**
tu descend**s**
il / elle / on descend
nous descend**ons**
vous descend**ez**
ils / elles descend**ent**

ebenso:
attendre
entendre
répondre
vendre

Groupe en ***-ir***

sortir
je sor**s**
tu sor**s**
il / elle / on sort
nous sort**ons**
vous sort**ez**
ils / elles sort**ent**

ebenso:
partir
sentir
servir
mentir

finir
je fin**is**
tu fin**is**
il / elle / on fin**it**
nous fin**issons**
vous fin**issez**
ils / elles fin**issent**

ebenso:
remplir
réagir
choisir

Verbes irréguliers

acheter
j'achète
tu achètes
il achète
nous achetons
vous achetez
ils achètent

aller
je vais
tu vas
il va
nous allons
vous allez
ils vont

s'appeler
je m'appelle
tu t'appelles
il s'appelle
nous nous appelons
vous vous appelez
ils s'appellent

avoir
j'ai
tu as
il a
nous avons
vous avez
ils ont

ebenso: enlever, se promener

connaître
je connais
tu connais
il connaît
nous connaissons
vous connaissez
ils connaissent

courir
je cours
tu cours
il court
nous courons
vous courez
ils courent

devoir
je dois
tu dois
il doit
nous devons
vous devez
ils doivent

dire
je dis
tu dis
il dit
nous disons
vous dites
ils disent

dormir
je dors
tu dors
il dort
nous dormons
vous dormez
ils dorment

écrire
j'écris
tu écris
il écrit
nous écrivons
vous écrivez
ils écrivent

ebenso: décrire

espérer
j'espère
tu espères
il espère
nous espérons
vous espérez
ils espèrent

ebenso: répéter

être
je suis
tu es
il est
nous sommes
vous êtes
ils sont

faire
je fais
tu fais
il fait
nous faisons
vous faites
ils font

se lever
je me lève
tu te lèves
il se lève
nous nous levons
vous vous levez
ils se lèvent

lire
je lis
tu lis
il lit
nous lisons
vous lisez
ils lisent

mettre
je mets
tu mets
il met
nous mettons
vous mettez
ils mettent

ouvrir
j'ouvre
tu ouvres
il ouvre
nous ouvrons
vous ouvrez
ils ouvrent

ebenso: offrir

pouvoir
je peux
tu peux
il peut
nous pouvons
vous pouvez
ils peuvent

préférer
je préfère
tu préfères
il préfère
nous préférons
vous préférez
ils préfèrent

prendre
je prends
tu prends
il prend
nous prenons
vous prenez
ils prennent

ebenso:
apprendre
comprendre

savoir
je sais
tu sais
il sait
nous savons
vous savez
ils savent

venir
je viens
tu viens
il vient
nous venons
vous venez
ils viennent

voir
je vois
tu vois
il voit
nous voyons
vous voyez
ils voient

vouloir
je veux
tu veux
il veut
nous voulons
vous voulez
ils veulent

Die 2. Person Einzahl endet immer auf *-s,* außer bei: *tu veux* und *tu peux.*
Die 2. Person Mehrzahl endet immer auf *-ez,* außer bei: *être, faire* und *dire.*

vous êtes vous faites vous dites

ils sont à la maison / ils ont faim / ils font une omelette / ils vont au restaurant

L'impératif

BILDUNG:

singulier	pluriel
1.Person Einzahl **ohne** Personalpronomen	2. Person Mehrzahl **ohne** Personalpronomen.
Fais tes devoirs!	**Attendez!**
Cherche la clé!	**Faites** attention!

Das Pronomen steht nach der bejahten Befehlsform und wird durch einen Bindestrich mit dieser verbunden.
Ouvre ton cadeau! Ouvre-**le!**

In der verneinten Befehlsform steht das Pronomen vor dem Verb. Ne **la** cherche pas!

Le passé composé

BILDUNG: *avoir* oder *être* + participe passé

Die meisten Verben bilden das *passé composé* mit *avoir.*

Die folgenden Verben bilden u.a. das *passé composé* mit *être:*
aller, venir • arriver, sortir • rentrer, retourner, rester • monter, descendre

Das *participe passé* der regelmäßigen Verben

auf *-er* endet auf *-é*	auf *-re* endet auf *-u*	auf *-ir* endet auf *-i*
J'ai gagné.	Il a répondu.	J'ai fini.
Ils ont regardé un film.	Il est descendu.	Ils sont sortis.

Wenn das *passé composé* mit *être* gebildet wird, stimmt man das *participe passé* mit dem Subjekt nach Zahl und Geschlecht überein, das heißt, wenn das Subjekt weiblich ist, wird ein *-e* angehängt, wenn es in der Mehrzahl ist, ein *-s* (weiblich Mehrzahl *-es*).

L'imparfait

être

j'étais	nous étions
tu étais	vous étiez
il / elle / on était	ils étaient

Im Unterschied zur deutschen Sprache gibt es im Französischen zwei Formen der Vergangenheit, die parallel verwendet werden.

Mit dem *passé composé* stellt der Erzähler **Tatsachen** fest,
mit dem *imparfait* kommentiert er diese. Er beschreibt **persönliche Gefühle, subjektive Eindrücke** oder **äußere Umstände.**

Hier **j'ai mangé** au restaurant. C'**était** excellent!

Le futur composé

BILDUNG: die entsprechende Person von *aller* + Nennform
Je **vais faire** une promenade. Nous **allons être** à Strasbourg en juillet.

La négation

	pas	Je **ne** comprends **pas**.
	plus	Elle **ne** veut **plus** venir.
ne + *konj. Verb* +	**jamais**	Il **ne** vient **jamais** à l'heure.
	rien	Ça **ne** fait **rien**.
	personne	Je **ne** vois **personne**.

plus und *jamais* können nebeneinander stehen bzw. zusammen mit *rien* und *personne* verwendet werden.
Je ne trouve **plus rien.** *(nichts mehr)*
Elle ne reconnaît **jamais personne**. *(nie jemanden)*
Philibert ne trouve **jamais rien.** *(nie etwas)*

L'interrogation

ohne Fragewort
Intonationsfrage

Il habite à Marseille?
Vous avez des problèmes?
Tu es lycéenne?
Il est architecte?

Die Frage unterscheidet sich nur durch die Satzmelodie vom Aussagesatz.

mit Fragewort

Tu habites **où**?
C'est **qui**?
Tu t'appelles **comment**?
Elle fait **quoi**?

Das Fragewort steht am Ende des Satzes.

Frage mit *est-ce que*

Est-ce que tu aimes la musique?
Est-ce que vous allez à Lyon?
Est-ce qu'il part demain?

Dem Aussagesatz wird *est-ce que* vorangestellt.

Qu'est-ce qu'on fait maintenant?
Où est-ce que tu travailles?
Pourquoi est-ce qu'il ne vient pas?

Fragewort + *est-ce que* + Aussagesatz

Inversionsfrage

Es-tu fatigué?
Peux-tu ranger ta chambre?
Avez-vous une question?

Où es-tu?
Comment allez-vous?
Avec qui vas-tu au cinéma?

Bei dieser Art der Fragestellung werden Subjekt und Prädikat vertauscht und durch einen Bindestrich miteinander verbunden. Das Fragewort steht am Beginn des Satzes.

Die Frage mit *quel / quelle*

masculin
Tu as **quel** âge?
Tu habites à **quel** étage?
Quel est votre nom?
Quel temps fait-il?

féminin
Quelle est votre profession?
Tu es en **quelle** classe?
Nous sommes en **quelle** saison?
Quelle heure est-il?

a

à … an, auf, in
à bientôt … bis bald
à cause de … wegen
à côté de … neben
à droite (de) … rechts (von)
à gauche (de) … links (von)
à la fin … am Schluss, am Ende
à la maison … zu Hause
à midi … zu Mittag
à mon avis … meiner Meinung nach
à mon goût … nach meinem Geschmack
à pied … zu Fuß
à quelle heure? … um wieviel Uhr?
absent/e … abwesend
accepter … annehmen, einwilligen
accompagner … begleiten
acheter … kaufen
adorer … sehr gerne mögen
l'adresse f. … die Adresse
l'aéroport m. … der Flughafen
les affaires f. … die Sachen, Geschäfte
l'âge m. … das Alter
l'agence de voyages f. … Reisebüro
l'agenda m. … der Terminkalender
aider (qn) … (jemandem) helfen
aimable … freundlich
aimer … lieben, gern haben, mögen
ajouter … hinzufügen
les aliments m. (pl.) … die Nahrungsmittel
allemand/e … deutsch
l'Allemand/e … Deutsche/r
aller … gehen, fahren
aller se coucher … schlafen gehen
alors … also
l'ambiance f. … Stimmung, Atmosphäre
américain/e … amerikanisch
l'Américain/e … Amerikaner/in
l'Amérique f. … Amerika
l'ami/e … der/die Freund/in
l'amour m. … die Liebe
amusant/e … lustig, amüsant
s'amuser … Spaß haben
l'an m. … das Jahr
l'an prochain … nächstes jahr
ancien/ne … alt, ehemalig
anglais/e … englisch, Engländer/in
l'animal m. (pl. animaux) … das Tier
l'animal domestique m. … das Haustier
l'animal en peluche … das Plüschtier
l'année f. … das Jahr
l'anniversaire m. … der Geburtstag
l'annonce f. … das Inserat
l'anorak m. … der Anorak
août m. … August
l'appartement m. … die Wohnung
appeler … rufen
s'appeler … heißen
apporter … bringen
apprendre … lernen
apprendre par cœur … auswendig lernen
l'apprenti/e … Lehrling
après … nach, nachher
après tout … doch, trotz allem
l'après-midi m. … der/am Nachmittag
cet après-midi … heute Nachmittag
l'arbre m. … der Baum
l'architecte m.+f. … der/die Architekt/in
l'argent m. … das Geld
l'argent de poche m. … Taschengeld
l'armoire f. … der Kasten
l'arrêt de bus m. … die Bushaltestelle
s'arrêter … stehen bleiben
l'arrivée f. … die Ankunft
arriver … ankommen
l'article m. … der Artikel
asseyez-vous … setzt euch, setzen Sie sich
assez … genug
l'assistant/e sociale m.+f. … der/die Sozialarbeiter/in
attendre qn. … auf jemanden warten
Attention! … Achtung!
attirer … anlocken, anziehen
au début … am Anfang
au milieu (de) … in der Mitte
au moins … wenigstens
au revoir … auf Wiedersehen
aujourd'hui … heute
aussi … auch
l'automne m. … der Herbst
un/e autre … ein/e andere/r
autre chose … etwas anderes
l'Autriche f. … Österreich
autrichien/ne … österreichisch/e
l'Autrichien/ne … Österreicher/in
l'avalanche f. … die Lawine
avant … vor
avec … mit
l'avion m. … das Flugzeug
l'avocat/e m.+f. … der Anwalt/die Anwältin
avoir … haben
avoir cours … Unterricht haben
avoir en commun … gemeinsam haben
avoir envie de … Lust haben
avoir faim … Hunger haben
avoir peur … Angst haben
avoir raison … recht haben
avoir soif … Durst haben
avril m. … April

b

la bague … der Ring
la baguette … das franz. Weißbrot
la baignoire … die Badewanne
le balcon … der Balkon
le ballon … der Ball
la bande dessinée … das Comic
la banque … die Bank
la barbe … der Bart
les baskets m.pl. … die Sportschuhe
le bateau … das Schiff, Boot
beaucoup (de) … viel/e
beau/bel/belle … schön
beige … beige
belge … belgisch, Belgier/in
bête … dumm
le beurre … die Butter
bien adv. … gut
bien sûr … sicher(lich)
bientôt … bald
la bière … das Bier
le billet … die Eintrittskarte, Fahrkarte
la biologie … die Biologie
la bise, le bisou … das Küsschen
bizarre … seltsam
blanc/blanche … weiß
le bled (umgangssprachl.) … das „Kaff"
bleu/e … blau
blond/e … blond
boire … trinken
le bois … der Wald, das Holz
la boîte … die Schachtel, Dose, Disco
le blouson … das Blouson
la boisson … das Getränk
bon/ne … gut
le bonbon … das Bonbon
le bon d'achat … der Gutschein
le bonhomme de neige … der Schneemann
bonjour … guten Tag
Bonne nuit! … Gute Nacht!
le bonnet … die Haube
la bouche … der Mund
les bottes f.pl. … die Stiefel
la boulangerie … die Bäckerei
le boulevard … der Boulevard
la bouteille … die Flasche
le bras … der Arm
brosser … bürsten
se brosser les dents … sich die Zähne putzen
bronzer … braun werden
le bruit … der Lärm
le bulletin scolaire … das Schulzeugnis
brun/e … braun
le bureau … das Büro, der Schreibtisch
le bus … der Autobus

c

ça … das, es
Ça bouge … Da ist was los.
Ça fait combien? … Wieviel kostet das?
Ça fait du bien. … Das tut gut.
Ça va? … Wie geht's?
Ça va. … Es geht.
le cadeau … das Geschenk
le café … der Kaffee, das Café
le cagibi … der Abstellraum
le cahier … das Heft
la caisse … die Kassa
le calendrier … der Kalender
calme … ruhig
le Canadien/la Canadienne … der/die Kanadier/in
le canal (pl. les canaux) … der Kanal
le canapé … die Couch
la capitale … die Hauptstadt
car … denn, weil
la carotte … die Karotte
(à) carreaux … kariert
la carte … die Karte
la casquette … die Mütze
cassé/e … kaputt, zerbrochen
le catalogue … der Katalog
la cathédrale … die Kathedrale
la cave … der Keller
la ceinture … der Gürtel
célèbre … berühmt
le centre … das Zentrum
le centre commercial … das Einkaufszentrum
le centre-ville … das Stadtzentrum
la cerise … die Kirsche
certainement adv. … sicher(lich)
C'est dommage! … Das ist schade!
c'est pourquoi … deshalb
chacun/e … (ein)jeder
la chaise … der Sessel
le chalet … die Hütte, das Landhaus
la chaleur … die Hitze
la chambre … das Zimmer
le champignon … der Pilz
changer … umsteigen, wechseln, verändern
la chanson … das Lied
chanter … singen
charmant/e … charmant
le chat … die Katze
châtain/e … dunkelblond
le château … das Schloss
chaud/e … heiß
le chauffeur … der Chauffeur, Fahrer
la chaussure … der Schuh
le chemin … der Weg
la cheminée … der Kamin
la chemise … das Hemd
chercher … suchen
chéri/e … Liebling
cher/chère … teuer, liebe/r
le cheval (pl. les chevaux) … das Pferd
les cheveux m. … die Haare
les cheveux frisés … gekräuselte Haare

chez ... bei, zu
chic ... toll, schick
le chien ... der Hund
la chimie ... die Chemie
chinois/e ... chinesisch,Chines(e)/in
le chocolat ... die Schokolade
choisir ... aussuchen, wählen
la chose ... die Sache, das Ding
la choucroute ... das Sauerkraut
chouette ... toll
le cinéma ... das Kino
circuler ... unterwegs sein, fahren
le citron ... die Zitrone
le classeur ... der Ordner
la clé ... der Schlüssel
la clé USB ... der USB Stick
le/la client/e ... der/die Kunde/in
le clin d'œil ... das Augenzwinkern
le coca ... das Coca-Cola
le/la coiffeur/coiffeuse ... der/die Friseur/in
le coin ... die Ecke
le collant ... die Strumpfhose
le collège ... die Schule (Mittelstufe)
le/la collégien/ne ... der/die Schüler/in
le/la collègue ... der/die Kolleg(e)/in
la colline ... der Hügel
combien (de) ... wieviel
comme ... wie, da
comme ci comme ça ... so la la
commencer ... beginnen
comment ... wie
compenser ... ausgleichen
comprendre ... verstehen
comparer ... vergleichen
compter ... zählen, rechnen
le concert ... das Konzert
le/la concierge ... der/die Hausmeister/in
la confiture ... die Marmelade
confortable ... bequem
connaître ... kennen
le conseil ... der Rat, Ratschlag
consulter les méls ... die e-mails anschauen
le contact ... der Kontakt
le conte de fée ... das Märchen
content/e ... zufrieden
le contexte ... Zusammenhang
continuer ... fortsetzen
le copain/la copine ... der/die Freund/in
le cornichon ... das Gurkerl
le corps ... der Körper
le/la correspondant/e ... der/die Brieffreund/in
correspondre à ... entsprechen
corriger ... verbessern
le costume ... der Anzug
le coton ... die Baumwolle
se coucher ... schlafen gehen
la couleur ... die Farbe
le coup de soleil ... der Sonnenbrand
couper ... schneiden
le courage ... der Mut
la cour de récréation ... Pausenhof
courir ... laufen
le cours ... die Schulstunde, der Kurs
court/e ... kurz
le couscous ... nordafrikan. Gericht
le/la cousin/e ... der/die Kusin/e
coûter ... kosten
la craie ... die Kreide
crâneur/crâneuse ... angeberisch
la cravate ... die Krawatte
le crayon ... der Bleistift
croate ... kroatisch, Kroate/Kroatin
croire ... glauben, meinen
le croissant ... Kipferl, Hörnchen
le cuir ... das Leder
la cuisine ... die Küche
curieux/-se ... neugierig

d

d'abord ... zuerst
d'accord ... einverstanden
le danger ... die Gefahr
dangereux/-se ... gefährlich
dans ... in
dans la rue ... auf der Straße
danser ... tanzen
de - à ... von - bis
de nouveau ... wieder
De rien. ... Gern geschehen.
de temps en temps ... ab und zu
se débrouiller ... sich zu helfen wissen
décembre m. ... Dezember
décider ... beschließen, entscheiden
la décision ... die Entscheidung
décrire ... beschreiben
découvrir ... entdecken
déçu/e ... enttäuscht
Dégage! ... Verschwinde!
dehors ... draußen
déjà ... schon
délicieux/-se ... köstlich
demain ... morgen
demander ... fragen, bitten, verlangen
la dent ... der Zahn
le/la dentiste ... der/die Zahnarzt/-ärztin
le départ ... die Abfahrt, Abreise
se dépêcher ... sich beeilen
dépenser (de l'argent) ... (Geld) ausgeben
depuis ... seit
dernier/dernière ... letzte/r, vorige/r
derrière ... hinter
des tas de choses ... viele Dinge
descendre ... aussteigen, hinuntergehen
le dessert ... die Nachspeise
le dessin ... die Zeichnung, Zeichnen
le détective ... der Detektiv
détendu/e ... entspannt
détester ... verabscheuen, gar nicht mögen
devant ... vor (räumlich), davor
devenir ... werden
deviner ... (er)raten
devoir ... müssen, sollen, dürfen
le devoir ... die Hausaufgabe
dicter ... diktieren
différent/e ... anders, verschieden
difficile ... schwierig
dimanche m. ... Sonntag
dimanche prochain ... nächsten Sonntag
le dîner ... das Abendessen
dire ... sagen
le/la directeur/directrice ... der/die Direktor/in
la discothèque ... die Diskothek
discuter ... diskutieren
disparaître ... verschwinden
se disputer ... streiten
diviser ... teilen
le doigt ... der Finger
le domicile ... der Wohnort
le don ... die Begabung
donner ... geben
dormir ... schlafen
drôle ... lustig
dynamique ... dynamisch

e

l'eau f. ... das Wasser
l'eau minérale f. ... das Mineralwasser
échapper ... entkommen
l'écharpe f. ... der Schal
l'école f. ... die Schule
écouter ... zu-, anhören
écrire ... schreiben
l'église f. ... die Kirche
égoïste ... egoistisch
l'élan m. ... der Elch, der Elan
l'éléphant m. ... der Elefant
l'élève m.+f. ... der/die Schüler/in
elle ... sie
embrasser ... küssen, umarmen
emmener ... mitbringen, mitnehmen
l'emploi du temps m. ... der Stundenplan
l'employé/e m.+f. ... der/die Angestellte
en dehors (de) ... außerhalb
en face (de) ... gegenüber
en laine ... aus Wolle
en même temps ... zugleich, zur gleichen Zeit
en plus ... außerdem
en promotion ... im Sonderangebot
en réalité ... tatsächlich, in Wirklichkeit
encore ... noch
encore une fois ... noch einmal
énerver ... auf die Nerven gehen
l'enfant m. ... das Kind
enfin ... schließlich, endlich
engagé/e ... engagiert
enlever ... ausziehen
s'ennuyer ... sich langweilen
ennuyeux/-se ... langweilig
l'enquête d'opinion f. ... die Meinungsumfrage
ensemble ... gemeinsam
ensuite ... dann
entendre ... hören
entièrement adv. ... völlig, vollkommen
s'entraîner ... trainieren
entre ... zwischen
l'entrée f. ... Eingang, Vorzimmer, Vorspeise
entrer ... hereinkommen
les environs m.pl. ... die Umgebung
l'Epiphanie ... Hl. 3 Königsfest
l'équitation f. ... das Reiten
l'escalier m. ... die Stiege
espagnol ... spanisch, Spanier/in
espérer ... hoffen
essayer ... versuchen, probieren
l'étable f. ... der Stall
l'étage m. ... das Stockwerk
l'étagère f. ... das Regal
l'été m. ... der Sommer
étourdi/e ... verwirrt
l'étranger/étrangère ... der/die Ausländer/in
être ... sein
être d'accord ... einverstanden sein
être en retard ... zu spät kommen
l'étudiant/e ... der/die Student/in
l'excursion f. ... der Ausflug
l'exercice m. ... die Übung
l'explication f. ... die Erklärung
expliquer ... erklären
l'extrait m. ... der Auszug
extra(ordinaire) ... außergewöhnlich

f

fâché/e ... verärgert, wütend
se fâcher ... sich ärgern, wütend werden
facile ... leicht
faible ... schwach
la faim ... der Hunger
faire ... machen
faire les courses f. ... einkaufen gehen
faire la cuisine ... kochen
faire le ménage ... aufräumen
faire de la natation ... schwimmen
faire partie de ... zu etwas gehören
faire des promenades f. ... spazieren gehen
faire des randonnées f. ... Wanderungen machen
faire du tennis ... Tennis spielen

faire sa toilette ... sich waschen, fertig machen
faire la vaisselle ... abwaschen
faire du vélo ... radfahren
faire de la planche à voile ... windsurfen
la famille ... die Familie
fantastique ... phantastisch
la farine ... das Mehl
fatigant/e ... anstrengend
fatigué/e ... müde
le fauteuil ... der Lehnsessel
faux/fausse ... falsch
la femme ... die Frau
la fenêtre ... das Fenster
la fête ... das Fest
la fête nationale ... der Staatsfeiertag
fêter ... feiern
la feuille ... das Blatt
février m. ... Februar
la fille ... die Tochter, das Mädchen
le film ... der Film
finir ... (be)enden
flamand/e ... flämisch
flambé/e ... flambiert
la fleur ... die Blume
le fleuve ... der Fluss
le foot(ball) ... der Fußball
la forêt ... der Wald
formidable ... großartig
formuler ... formulieren
fort/e ... stark
le foulard ... das Kopftuch, Tuch
la fourchette ... die Gabel
frais/fraîche ... frisch
la fraise ... die Erdbeere
français/e ... französisch
le/la Français/e ... Franzose/Französin
le frère ... der Bruder
les friandises f. ... die Süßigkeiten
le frigidaire, le « frigo » ... der Kühlschrank
les « fringues » (umgangsspr.) Gewand, „Klamotten"
les frites f. ... die Pommes frites
froid/e ... kalt
le fromage ... Käse
le futur ... die Zukunft

g

gagner ... verdienen, gewinnen
les gants m. ... die Handschuhe
le garage ... die Werkstatt, Garage
le garçon ... der Bub, Kellner
la gare ... der Bahnhof
le gâteau ... der Kuchen, die Torte
génial/e ... genial
les gens ... die Leute
gentil/le ... nett
la géographie ... die Geographie
le gilet ... die Weste
la glace ... das Eis
la gomme ... der Radiergummi
le goût ... der Geschmack
le goûter ... die Jause
grand/e ... groß
la grand-mère ... die Großmutter
les grands-parents ... die Großeltern
le grand-père ... der Großvater
la grange ... die Scheune
gratuit/e ... gratis
le grenier ... der Dachboden
gris/e ... grau
gros/se ... dick

h

s'habiller ... sich anziehen
habiter ... wohnen
hélas ... leider
hésiter ... zögern
l'heure f. ... die Stunde
heureux/-se ... glücklich
hier ... gestern
l'histoire f. ... die Geschichte
l'hiver m. ... der Winter
l'homme m. ... der Mann, Mensch
hongrois/e ... ungarisch, Ungar/in
l'hôpital m. ... das Krankenhaus
hors ... außerhalb
l'hôtel m. ... das Hotel
l'huile f. ... das Öl

i

ici ... hier
idéal/e ... ideal
l'idée f. ... die Idee
il ... er
il fait beau ... es (das Wetter) ist schön
il fait chaud ... es ist heiß
il fait froid ... es ist kalt
il faut ... man muss, man braucht
il me faut ... ich brauche
il neige ... es schneit
il pleut ... es regnet
il y a ... es gibt, da ist/sind
il y a du soleil ... es ist sonnig
il y a du vent ... es ist windig
imaginer ... sich etwas vorstellen
l'immeuble m. ... das (Miets-)Haus
impatient/e ... ungeduldig
impeccable ... tadellos
important/e ... wichtig
impressionnant/e ... beeindruckend
incroyable ... unglaublich
indépendant/e ... unabhängig
l'infirmière f. ... die Krankenschwester
l'influence f. ... der Einfluss
l'informatique f. ... die Informatik
l'ingénieur m. ... der Ingenieur
injuste ... ungerecht
s'inscrire ... sich anmelden
l'institutrice f. ... die Volksschullehrerin
insuffisant/e ... ungenügend
intelligent/e ... intelligent
interdire ... verbieten
intéressant/e ... interessant
international/e ... international
l'interview f. ... das Interview
interviewer ... interviewen
inventer ... erfinden
l'invitation f. ... die Einladung
inviter ... einladen
l'ipod m. ... das Ipod
l'Italie f. ... Italien
italien/ne ... italienisch, Italiener/in

j

jaloux/-se ... eifersüchtig
la jambe ... das Bein
le jambon ... der Schinken
janvier m. ... Jänner
japonais/e ... japanisch
le/la Japonais/e ... Japaner/in
le jardin ... der Garten
jaune ... gelb
je ... ich
J'en ai marre! ... Ich hab's satt!
Je vous en prie. ... Aber bitte!
jeudi m. ... Donnerstag
jeune ... jung
la jeune fille ... das Mädchen
le jeu (pl. les jeux) ... das Spiel
joli/e ... hübsch
jouer ... spielen
jouer aux cartes ... Karten spielen
jouer au football ... Fußball spielen
le jour ... der Tag
journaliste m.+f. ... der/die Journalist/in
le journal/les journaux ... die Zeitung
la journée ... der Tag
juillet m. ... Juli
juin m. ... Juni
la jupe ... der Rock
le jus d'orange ... der Orangensaft
jusqu'à ... bis
juste ... gerecht
juste à côté ... gleich daneben

k

le kilo ... das Kilo

l

là ... dort
là-bas ... dort hinten
le lac ... der See
la laine ... die Wolle
le lait ... die Milch
la lampe ... die Lampe
la langue ... die Sprache, die Zunge
la langue étrangère ... die Fremdsprache
le lard ... der Speck
le lavabo ... das Waschbecken
(se) laver ... (sich) waschen
le, la, les ... der, die, die (Pl.)
les légumes m. ... Gemüse
le lendemain ... der/am nächste/n Tag
se lever ... aufstehen
libre ... frei
lire ... lesen
la liste ... die Liste
le lit ... das Bett
le livre ... das Buch
loin (de) ... weit (entfernt)
les loisirs m.pl. ... die Freizeit
long/ue ... lang
longtemps ... lange
louer ... (ver)mieten
lundi m. ... Montag
les lunettes f.pl. ... die Brille
le lycée ... das Gymnasium
lycéen/ne ... der/die Gymnasiast/in

m

la machine à laver ... die Waschmaschine
Madame X ... Frau X
Mademoiselle Y ... Fräulein Y
le magasin ... das Geschäft
magnifique ... großartig
mai m. ... Mai
le mail ... E-Mail
a main ... die Hand
maintenant ... jetzt
mais ... aber
la maison ... das Haus
mal adv. ... schlecht
malade ... krank
le malade ... der Kranke, Patient
malheureusement ... leider
malin/maligne ... schlau
mamie ... Oma
manger ... essen
manquer ... fehlen, versäumen
le manteau ... der Mantel
la maquilleuse ... die Maskenbildnerin
se maquiller ... sich schminken
le marché ... der Markt
marcher ... zu Fuß gehen
mardi m. ... Dienstag
le mari ... der Ehemann
se marier ... heiraten
marrant/e ... lustig, witzig
marron ... braun

mars m.	März
le match	das Match
la maternelle	der Kindergarten, die Vorschule
les « maths » (mathématiques) f.pl.	die Mathematik
le matin	der/am Morgen, Vormittag
le/la mécanicien/ne	der/die Mechaniker/in
le/la médecin	der Arzt/die Ärztin
le/la meilleur/e	der/die beste/Beste
le mél	E-Mail
mélanger	mischen
le melon	die Zuckermelone
le/la même	der/die gleiche/Gleiche
même	sogar
même pas	nicht einmal
la même chose	dasselbe, das gleiche
le menteur	der Lügner
la menthe à l'eau	ein Pfefferminzgetränk
mentir	lügen
la mer	das Meer
merci	danke
mercredi m.	Mittwoch
la mère	die Mutter
la météo	der Wetterbericht
le métier	der Beruf
le métro	die U-Bahn
mettre	legen, setzen, stellen, anziehen
le meuble	das Möbel
midi m.	der Mittag
mignon/ne	lieb, herzig
mille	tausend
mince	schlank, dünn
la minute	die Minute
le miroir	der Spiegel
moi non plus	ich auch nicht
moins	weniger
le mois	der Monat
la moitié	die Hälfte
le moment	der Moment
le monsieur	der Herr
la montagne	der Berg
monter	einsteigen, hinaufgehen
la montre	die Armbanduhr
le monument	das Denkmal, die Sehenswürdigkeit
le morceau	ein Stück (vom Ganzen)
le mot	das Wort
la moto	das Motorrad
moyen/ne	mittelmäßig
la moyenne	der Durchschnitt
le moyen de transport	das Verkehrsmittel
le mur	die Wand
le musée	das Museum
la musique	die Musik

n

nager	schwimmen
naïf/naïve	naïv
la naissance	die Geburt
la natation	das Schwimmen
la nationalité	die Nationalität
ne...jamais	nie
(ne)...pas encore	noch nicht
ne...personne	niemand
ne...plus	nicht mehr
ne...rien	nichts
nécessaire	notwendig
la neige	der Schnee
nerveux/-se	nervös
nettoyer	reinigen
le nez	die Nase
noir/e	schwarz
Noël	Weihnachten
le nom	der Name
le nombre	die Zahl
non	nein
noter	notieren
la nourriture	Essen, Futter
nouveau/nouvel/nouvelle	neu
le Nouvel An	Neujahr
novembre m.	November
nuageux	wolkig
la nuit	die Nacht
le numéro	Nummer

o

l'objet m.	der Gegenstand
octobre m.	Oktober
l'œil m. (les yeux)	das Auge (die Augen)
l'œuf m.	das Ei
offrir	schenken, anbieten
l'oignon m.	die Zwiebel
l'oiseau m.	der Vogel
l'olive f.	die Olive
on	man, wir
l'oncle m.	der Onkel
l'orange f.	die Orange
l'orangina m.	das Orangengetränk
l'ordinateur m.	der Computer
l'oreille f.	das Ohr
organiser	organisieren
ou (bien)	oder
où	wo
oublier	vergessen
oui	ja
l'ours m.	der Bär
ouvert/e	offen
ouvrir	öffnen

p

le pain	das Brot
le pantalon	die Hose
papi	Opa
Pâques	Ostern
par jour	pro Tag
par terre	auf dem Boden
paraître	(er)scheinen
parce que	weil
Pardon!	Verzeihung!
pareil/le	gleich, genauso
les parents m.pl.	die Eltern
paresseux/-se	faul
parfois	manchmal
le parfum	das Parfum
par hasard	zufällig
parler	sprechen
parler fort	laut sprechen
partir	fortgehen, abreisen
partout	überall
le pas (de plus)	der Schritt (weiter)
pas du tout	überhaupt nicht
pas tellement	nicht besonders
passer	verbringen, vorbeigehen
passer le bac	die Matura machen
patient/e	geduldig
patiner	eislaufen
pauvre	arm
payer	zahlen
le pays	das Land
le paysage	die Landschaft
le/la peintre	der/die Maler/in
pendant	während
la pensée	der Gedanke
penser	denken, meinen
perdre	verlieren
le père	der Vater
la personne	die Person
la pétanque	eine Art Boccia-Spiel
petit/e	klein
le petit déjeuner	das Frühstück
peu	wenig
peut-être	vielleicht
la photo	das Foto
le/la photographe	der/die Fotograf/in
la phrase	der Satz
la pièce	der Raum, das Geld-, Theaterstück
le pied	der Fuß
la piscine	das Schwimmbad
le placard	der Kasten
la place	der Platz, Ort
la plage	der Strand
plaire	gefallen
le plaisir	die Freude
le plan	der Plan
la planche à voile	das Windsurfen, Surfbrett
la pluie	der Regen
plusieurs	mehrere
plutôt	eher, lieber
le pneu	der Reifen
la poêle	die Pfanne
le poème	das Gedicht
(quelle) poisse! (umggsspr.)	So ein Pech!
le poisson	der Fisch
le poivre	der Pfeffer
la police	die Polizei
la pomme	der Apfel
la pomme de terre	die Erdäpfel
le portable	das Handy
la porte	die Tür
le porte-manteau	der Kleiderständer
le porte-monnaie	die Geldbörse
porter	tragen
portugais/e	portugiesisch
le portrait	das Porträt
poser une question	eine Frage stellen
possible	möglich
la poste (PTT)	das Postamt
la poubelle	der Mistkübel
le poulet	das Brathuhn
pour	für
pouvoir	können
pratique	praktisch
préférer	lieber haben, vorziehen
préféré/e	Lieblings-
premier/première	der/die erste/Erste
prendre	nehmen
prendre une douche	duschen
prendre des photos	fotografieren
prendre des notes	s. Notizen machen
préparer	zu-, vorbereiten
près (de)	bei, in der Nähe
presque	fast
prêt/e	fertig, bereit
le prince	der Prinz
le printemps	das Frühjahr
le prix	der Preis
le problème	das Problem
le/la prochain/e	der/die nächste/r
la profession	der Beruf
le « prof » (professeur) m.+f.	der/die Professor/in
la promenade	der Spaziergang
se promener	spazieren gehen
proposer	vorschlagen
le prospectus	der Prospekt
puis	dann
le « pull » (pullover)	der Pullover

q

quand	als, wenn, wann
quand-même	trotzdem
la quantité	die Menge
que	den, die, das, dass, was
quelque chose	etwas
quelquefois	manchmal
quelques (-uns)	einige

quelqu'un	jemand
quel/le	welche/r
la question	die Frage
(faire) la queue	sich anstellen
qui?	wer?
qui pron.rel.	der, die, das (Relativpron.)
quitter	verlassen
quoi?	was?

r

raccompagner	nachhause bringen
la radio	das Radio
raide	glatt (Haare)
« râler »	meckern (umgangsspr.)
ranger	aufräumen, wegräumen
rapide	schnell
rare	selten
(à) rayures	gestreift
réagir	reagieren
le/la réceptionniste m.+f.	der/die Rezeptionist/in
la recette	das Rezept
la récré(ation)	die Pause
la rédaction	der Aufsatz
refuser	ablehnen
regarder	(an)schauen
regarder la télé	fernsehen
la région	das Gebiet, die Gegend
regretter	bedauern
la reine	die Königin
remercier quelqu'un	sich bei jmd. bedanken
remplir	anfüllen, ausfüllen
rencontrer	treffen
le rendez-vous	die Verabredung, Termin
le renseignement	die Auskunft
rentrer	heimkommen, -gehen
le repas	das Essen
répéter	wiederholen
répondre	antworten
la réponse	Antwort
se reposer	sich ausruhen, erholen
réserver	reservieren
le restaurant	das Restaurant
rester	bleiben
le résultat	das Ergebnis
le retard	die Verspätung
retourner	zurückkehren
le réveil	der Wecker
revenir	zurückkommen
rêver	träumen
revoir	wiedersehen
le rez-de-chaussée	das Erdgeschoß
riche	reich
« rigoler »	lachen, kichern
rigolo/te	lustig, komisch
rire	lachen
la robe	das Kleid
le roi	der König
le roman	der Roman
romantique	romantisch
rond/e	rund
rouge	rot
la rue	die Straße
rythmique	rhythmisch

s

le sac	die Tasche
sage	brav
la saison	die Jahreszeit
la salade verte	der grüne Salat
la salle de bains	das Badezimmer
le salon	das Wohnzimmer
salut	grüß'dich, hallo
samedi m.	Samstag
sans	ohne
les saucisses f.	die Würstel
savoir	wissen, können
les sciences naturelles f.pl.	die Naturwissenschaften
le/la secrétaire	der/die Sekretär/in
le sel	das Salz
la semaine	die Woche
la semaine dernière	vorige Woche
la semaine prochaine	nächste Woche
(se) sentir	(sich) fühlen, riechen
septembre m.	September
sérieux/-se	ernst, seriös
serré/e	eng
le serveur	der Kellner
la serveuse	die Serviererin
serviable	hilfsbereit
servir	servieren
seul/e	allein
seulement adv.	nur, erst
sévère	streng
s'il vous plaît, s'il te plaît	bitte
simple	einfach
la soie	die Seide
le soir	der/am Abend
la soirée	der Abend
le soleil	die Sonne
sonner	läuten
sortir	ausgehen, hinausgehen
souligner	unterstreichen
la soupe	die Suppe
sourire	lächeln
la souris	die Maus
sous	unter
souvent	oft
le sport	Sport
sportif/-ve	der sportlich
le stade	das Stadion
la station de métro	die U-Bahnstation
le steak	das Steak
stupide	dumm
le stylo	der Kugelschreiber, Füller
le succès	der Erfolg
le sucre	der Zucker
suisse	schweizer, Schweizer/in
super	toll
le supermarché	der Supermarkt
sur	auf, über
sûr/e	sicher
surprendre	überraschen
surpris/e	überrascht
la surprise	die Überraschung
surtout	vor allem
« sympa » (sympathique)	sympathisch

t

la table	der Tisch
la table de nuit	das Nachtkästchen
le tableau	die Tafel
la taille	die Größe
tant pis!	macht nichts!
le tapis	der Teppich
tard	spät
la tasse	die Tasse
le téléphone	das Telefon
téléphoner (à qn.)	telefonieren, (jmd.) anrufen
la « télé »(télévision)	das Fernsehen
la température	die Temperatur
le temps	das Wetter, die Zeit
le temps libre	die Freizeit
tenir	halten
le tennis	das Tennis
la tête	der Kopf
le texte	der Text
le thé	der Tee
le théâtre	das Theater
la « thune »	das Geld (umgangsspr.)
le ticket	die Fahr-, Eintrittskarte
le timbre	die Briefmarke
timide	schüchtern
la tomate	die Tomate
tomber	fallen
tomber amoureux	sich verlieben
toujours	(noch) immer
la tour	der Turm
le/la touriste	der/die Tourist/in
tourner	abbiegen
tous les jours	jeden Tag
tout/e	alle/s, jede/r, ganz
tout à coup	plötzlich
tout à fait	völlig, ganz
tout de suite	sofort
tout droit	geradeaus
toute la journée	den ganzen Tag
tout le monde	alle
tout le temps	die ganze Zeit
tout près(de)	ganz in der Nähe
le tracteur	der Traktor
traduire	übersetzen
le train	le Zug
traîner	herumliegen
le tram(way)	die Straßenbahn
tranquille	ruhig
travailler	arbeiten
très	sehr
triste	traurig
trop	zu (sehr), zuviel
la trousse	das Federpenal
trouver	finden
se trouver	sich befinden
tu	du
tuer	töten

u

une fois	einmal
l'université f.	die Universität
utile	nützlich
utiliser	verwenden, benützen

v

les vacances f.pl.	die Ferien, der Urlaub
la vaisselle	das Geschirr
le vélo	das Fahrrad
le/la vendeur/vendeuse	der/die Verkäufer/in
vendre	verkaufen
vendredi m.	Freitag
venir	kommen
le verre	das Glas
la veste	die Jacke, das Sakko
les vêtements m.pl.	die Kleider, das Gewand
la viande	das Fleisch
vide	leer
vieux/vieil/vieille	alt
la vie	das Leben
vif/vive	lebhaft
le vignoble	der Weinberg
le village	das Dorf
la ville	die Stadt
le vin	der Wein
le vinaigre	der Essig
le visage	das Gesicht
la visite	der Besuch, Besichtigung
visiter	besichtigen
vite adv.	schnell
la vitrine	das Schaufenster
voici	hier (ist/sind)
voilà	da (ist/sind)
voir	sehen
le/la voisin/e	der/die Nachbar/in
la voiture	das Auto
voler	fliegen, stehlen
volontiers	gern
vous	ihr, Sie, euch, Ihnen
le voyage	die Reise
voyager	reisen
voyant/e	auffällig
vrai/e	richtig, wahr
vraiment adv.	wirklich

carte de la France

w

le weekend .... Wochenende

y

le yaourt .... Joghurt

les yeux m. (l'œil) .... die Augen (das Auge)

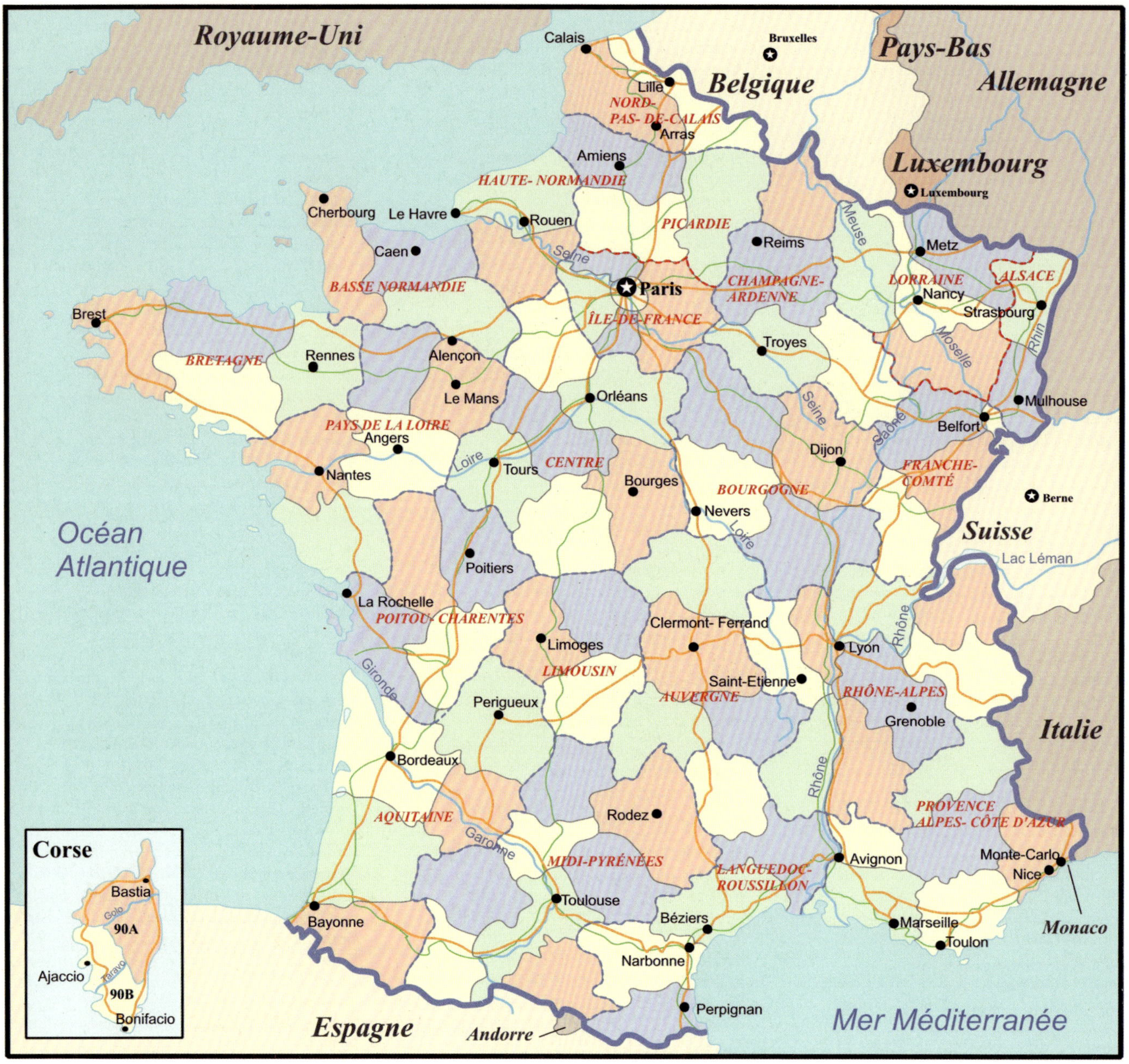

Bildquellen:

Fotolia, © Clivia (Cover), Bateau mouche & Pont Tournant, © Geneviève Engel (114), Edith Piaf: The Essential Collection. AVID Entertainment 2008 (133), MC Solaar: Qui sème le vent récolte le temps. Polydor 1998 (133), Express nr. 2891, décembre 2006 (126), Fotolia.com, © nougaro (176), L'Ill aux Lumières – Le Pont St. Nicolas éclairé, © Geneviève Engel (114), Lycée, Autor Frédéric de la Mure, mit freundlicher Genehmigung des Ministère des Affaires étrangères et européenes (69), © MEV (8, 32, 44, 47, 74, 113, 117, 130, 134, 135, 139, 141, 150), NASA (96), Nouveau Tram Citadis, © Ernest Laemmel (114), Titeuf. In: Zep: Titeuf – L'amour c'est pô propre, éditions Glénat 2002, p. 12 (71), Annette Wolter: Kuchen backen, Gräfe & Unzer, München 1991 (142), alle übrigen von den Autorinnen. In Fällen freier Werknutzung: Bildrechte: © VBK, Wien 2008